ニーチェ＋

Nietzsche +

編著 溝口隆一

Mizoguchi Ryuichi

ふくろう出版

ニーチェとその時代

一八四四年　牧師の子として誕生。ロマン主義隆盛期。一八四八年に三月革命、フランクフルト国民議会。以降ウィーン体制崩壊から近代国家成立へ。
一八五八年　高等学校プフォルタ・シュールレに入学。一八六二年にはツルゲーネフの『父と子』発表、同年ビスマルクがプロイセン宰相に。
一八六四年　高等学校卒業論文「メガラのテオグニスについて」。ボン大学神学部に入学、その後哲学部（文献学）に。第一インターナショナル（〜七六）。
一八六五年　師リッチュルに付いて、ライプチッヒ大学に移る。ショーペンハウアー『意志と表象としての世界』（一八一九年）との出会い。
一八六七年　軍隊に入隊。大学の懸賞論文「ディオゲネス・ラエルティオスの原典について」。前年の普墺戦争を経て、オーストリア・ハンガリー帝国成立。
一八六八年　復学。ヴァーグナーと初対面。明治維新。
一八六九年　バーゼル大学員外教授（古典文献学）、その後正教授。就任講演「ホメロスと古典文献学」。スイス国籍に。
一八七〇年　普仏戦争（〜七一）、プロイセン側に志願（看護兵）。
一八七一年　哲学教授就任に失敗。健康状態悪化。ドイツ帝国成立。ビスマルク外交の時代へ。パリ・コミューン。
一八七二年　『悲劇の誕生』出版。学者としてのキャリアは終了し、ショーペンハウアーとヴァーグナーの影響下に哲学的著作者としてのキャリアがスタート（「初期ニーチェ哲学」）。
一八七三年　『反時代的考察』第一篇「ダーフィット・シュトラウス―信仰告白者・著述家」出版。未完原稿「道徳外の意味における真理と虚偽について」執筆。文化闘争つづく。
一八七四年　『反時代的考察』第二篇「生にとっての歴史の利害」、第三篇「教育者としてのショーペンハウアー」出版。
一八七六年　『反時代的考察』第四篇「バイロイトにおけるリヒャルト・ヴァーグナー」出版。最初のバイロイト祝祭劇。

一八七八年　ヴァーグナーと決別、新しい段階へ（「中期ニーチェ哲学」「実証主義期」）。『人間的、あまりに人間的』出版。社会主義者鎮圧法。以降独占資本主義と帝国主義の時代へ。

一八七九年　『さまざまな意見と箴言』出版（のちに『人間的、あまりに人間的』に統合）。病状悪化し、教授職を辞する。『放浪者とその影』出版（のちに『人間的、あまりに人間的』に統合）。

一八八一年　『曙光』出版。「永遠回帰」の体験。アレクサンドル二世暗殺（ニヒリズム横行後）

一八八二年　「メッシーナ牧歌」発表。『悦ばしき学問』出版。その後、新しい段階の哲学へ（「後期ニーチェ哲学」）。

一八八三年　『ツァラトゥストラ』第一部刊行。

一八八四年　『ツァラトゥストラ』第二部、第三部、刊行。

一八八五年　『ツァラトゥストラ』第四部、私家版として印刷。

一八八六年　『善悪の彼岸』自費出版。「自己批判の試み」を付けた『悲劇の誕生』の新版を刊行。『人間的、あまりに人間的』に序文を付けて再版。

一八八七年　『曙光』に序文を付けて再版。「われら怖れを知らぬ者」と「プリンツ・フォーゲルフライの歌」を付けて『悦ばしき学問』を再版。『ツァラトゥストラ』第一部から第三部までを合本して出版。『道徳の系譜』を自費出版。

一八八八年　この年から翌年はじめまでが哲学者ニーチェの晩年。『ヴァーグナーの場合』、『偶像の黄昏』、『アンチクリスト』、『ニーチェ対ヴァーグナー』、『ディオニュソス頌歌』完成。『この人を見よ』執筆。

一八八九年　一月三日トリノで昏倒。バーゼル精神病院に入院。第二インターナショナル（～一九一四）。

一八九〇年　ナウムブルクの母が引き取る。ビスマルク引退。

一八九二年　ペーター・ガストがニーチェ全集を企画。

一八九四年　ニーチェの妹が全集計画を中止させ、母の家に「ニーチェ文庫」を設立（その後妹とともにワイマールに移転）。日清戦争（～九五）。

一八九七年　母死去。ニーチェは妹に引き取られる。

一九〇〇年　ニーチェ死去。

本書について

本書は、『ニーチェb』『ニーチェl』という二冊の著作の補完と拡充を目指している。『ニーチェb』『ニーチェl』は、ニーチェに関する論文集であった。三冊目も同じような論文集でもよかったが、作者に欲が出た。とはいえ、私にニーチェ以外のことが書けるはずもないので、ニーチェのテクストから離れた論文が読みたくなった。ニーチェに関わるテーマでありながら、ニーチェのテクストから離れた論文が読みたくなった。テーマは、近代から現代へ、あるいは、画期的な変化について、である。

同一学会で出会うことのない他分野の先生たちの論文は、どれも興味深く、大変に勉強になった。三人の執筆者の方は全員が徳島文理大学に勤務した経験のある先生である。もっと多くの先生をお誘いして、いずれは、徳島をテーマにした学際的な共同研究につなげられたらと考えている。

哲学論文は、母校の同志社大学の若い研究者たちの論文である。博士論文執筆前後の、活きのいい時期の論文を掲載させてもらった。現象学と分析哲学という、哲学の伝統を担い王道を行く分野の新鋭にご協力いただけて、大変に感謝している。

私の書いた二つの論文は、『ニーチェb』の追加論文である。選定理由も『ニーチェb』と同じで、出版しておかないと紛失しそうな論文である。実際、『ニーチェb』の作業中にさえうっかり忘れられてしまったのだ。

「二〇〇一年の新しい教師」は、タイトルにあるとおり二〇〇一年、つまり決断主義のゼロ年代に書いた。総合的な学習の時間が設置された頃の古い議論で、現在性はないはずだが、今読むと、能動的学修が推奨される現在と妙に呼応していて興味深い。

「自己完成と進化の成長理念への綜合―ニーチェの生概念を導きにして―」は、「誘惑と自己教育―ニーチェ哲学の教育的属性―」（『ニーチェb』所収）の兄弟のような論文だ。後者のために集めた素材を、ニーチェの成長概念の構築のために再利用している。

「『ニーチェb』『ニーチェ1』のための補足」は、授業のために書いた雑文である。当初は、こちらが本書の本体であった。『ニーチェb』と『ニーチェ1』は、専門家でない読者に優しくない本になってしまった。その反省から、今回は雑文に力を入れた。エッセイ、フィクション、講義メモ、これらの要素が入り混じっている。楽しく書いたと言いたいところだが、正直論文よりも苦労した。形式も文体も題材も自由というのは、書き手にとって地獄である。

本書全体を鳥瞰してみると、雑誌的な作品と言えるかもしれない。いい意味では多様であり、悪い意味では雑然としている。しかし、それは、私にとってベストな哲学書と同じ印象ということだ。すなわち、ニーチェの『悦ばしき知識』と。

五人の研究者の方々の助力で、理想の哲学書の形式にたどりつけたことをありがたく思う。

二〇一六年一月　溝口隆一

画期的ということ　―序に代えて―

一

昔、国語の先生にこう教わった。画期的、すなわち、画時代的、エポックメーキングとは、時代を画するもの、つまり、旧時代を壊して新時代を創造する性質をもつものを形容する、と。その先生が誰であったのか、私は覚えていない。しかし、個性ではなく知識を生徒に伝達できた先生は、優れた教師だったのだと今は判断できる。残念ながら、この判断は、その先生の待遇改善にも立身栄達にも役に立たないが。

三十歳代の頃、私も学校の先生だった。公民科の非常勤講師だ。新人時代のある初夏の午後、職員室に戻ると、私の椅子に十六歳の女子生徒が座っていた。彼女は、唐突にこう宣言した。「授業はつまんないけど、エリザベスは先生の担当だから、がんばって起きてるね」。そして、自称エリザベスは、授業中の三倍ほど大きい目で私を見つめて言った。「先生、いつかちゃんとした先生になってね。はい、アメあげる」。アメをもらって、私は、不得要領な表情でありがとうと答えた。

それしかできなかった。つまり、私は、教師失格を宣告されたうえに、その対応も教師失格の、単なるフリーターだった。私は、どんな授業をすればよかったのか。なんと答えればよかったのか。それは、今もわからない。私はいつか、ちゃんとした先生になれるのだろうか。

二

画期的が時代を画するものを示すなら、しばしば現代思想の先駆者の一人として語られるニーチェは、そう形容するにふさわしい人物だ。彼の名前は、むしろ今では、画期的という言葉の代用品として、安易に使われすぎているきらいもある。例えば、ある学問の歴史の背景を語るときに、彼の名前は、それ自体がレッテルとして、あるいは呪術的なお札として、気安くページのどこかに貼付けられる。そうしておけば、まるで魔法のように、近代から現代へ、近代前期から近代後期へ、モダンからポストモダンへ、時代が一変するかのように。

私は、哲学畑のニーチェ研究者として、景気変動のように定期的に起こるニーチェ・ブームが、不愉快だった。というのも、彼の名が流行になるたびに、ニーチェ哲学は本物ではないと批判されている気分になったからだ。実際、哲学の伝統を担うドイツ古典哲学や現象学の人たちは、あるいは現在の哲学プロパーの主流である分析哲学の人たちも、ニーチェは本来の意味での哲学者ではないという本音を、隠しはしなかった。ニーチェに好意的な場合でも、そこにはエスタブリッシュメントの余裕が見え隠れした。へえ、ニーチェやってるんだ、ニーチェはおもしろいよね、という感じだ。いつそんなお遊びはやめて、本物の哲学をやるんだい、と問いかけているようにも見えた。

三

こうした劣等感は、深く長く私の活動に影響した。『ニーチェb』『ニーチェl』という二冊の論文集を客観的な目で点検すると、その劣等感が私の研究を歪めている痕跡が見つかる。劣等感ゆえに、人文系研究者としての本筋を見失い、迷走する私の姿がそこにはある。

私の本来の研究方法は、人文系に伝統的な文献解釈だ。ときどき、本を読んでまとめているだけじゃないかと揶揄される。文献解釈は、科学的手法ではないので、科学時代にはその実態が理解されにくい。文献解釈では、科学同様に実証も論証も行うが、それ以外のところも重要である。通常の読解、すなわち、本や新聞を読んで言葉を情報として集める作業は、文献解釈の入り口にすぎない。文献解釈では、収集した言葉に、解釈者の言葉を結びつけるのだ。しかも、解釈者の言葉は、解釈される言葉に求められるものでなければならない。解釈者の言葉が、解釈される言葉に愛され、受け入れられなければ、両者はきちんと結ばれない。接着剤で無理にくっつけるような恣意的な解釈は、解釈としての魅力がない。対して、見事につながった言葉のきれいな接ぎ木は、さらなる解釈を誘発する。解釈に解釈が続く。文献解釈は、現存する言葉に現役の言葉を織り込んで未来の言葉を誘発する、文化のリレーなのである。

万葉集で説明しよう。万葉集をデータとして保存しても、それは死蔵されたモノだ。重要なのは、実際に、ある一定数の人々が、その生きている時代の知性を駆使して、万葉集を読むことである。実は、万葉集は方便である。万葉集の解釈を通じて、かつて生きていた人々と今生きている人々と未来に生きる人々とが、動態的な文化集団を形成するための、方便だ。日本とは、そうした文化集団の一つの、名称なのだ。万葉集が方便として機能する限り、つまり、万葉集が生きている限り、万葉集を介した伝達ゲームは続き、日本も生き続ける。万葉集の研究者は、その伝言ゲームのプロ選手として、ゲーム自体を活性化し、ゲームへの関心を広める。もちろん、プロがいなくともゲームは存続できる。ただし、アマチュアが休日に楽しむマイナーなゲームとしてだが。

四

私は、ニーチェのテクストというドイツ語ベースの言葉に、日本語の言葉をつなぐという、特殊な活動をしている。しかし、基本的には、日本という名の文化の伝言ゲームに参加する一選手である。ニーチェのテクストを方便に、言葉をつなぎ、人びとを結びつけるのが、私の役割だ。

しかし、私は、二つの点で、文化の伝言ゲームのプロとしては問題のあるプレイをしてしまった。一つは、根本的な問題である。すなわち、研究者としてのエゴのために、研究の体裁にのみ留意し、研究内容の伝達を気にしなかった、という点である。喩えるなら、私は、ゲームの勝ちにこだわるあまり、ゲームの本来の魅力を減じるプレイをするダメ選手だ。私は、プロとして、学生をはじめとする読者をゲームに引き込むプレイをしなければならなかったのに。本当に、エリザベス、ごめんなさい、という気分だ。

もう一つは、技術的な問題である。すなわち、論文において私は、ニーチェ解釈を、無時間的な議論空間に封じている、という点である。ニーチェ、テクスト、そして解釈者には、それらが発生する歴史や背景がある。私の研究は、ニーチェのテクストとその解釈が誕生する場を無視している。しかし本来は、その場も含めて、ニーチェの言葉に接ぎ木しなければならない。つまり、加工済みの生気のない言葉ではなく、生きた言葉をつながなければならない。もちろん、論文の作法として、研究の歴史や研究の動機は必ず書くと決まっている。しかし、私はこの作法を、完全に形式的なものと受け取っていた。だから、本論の字数を確保するためには、そうした部分は短いほうがよいと判断した。その判断は、論文作成の技法としては、間違いではないと今でも思う。しかし、研究の社会的な役割の観点からは、どうだろうか。入り口のない無機質な建築物を見せられても、人は困惑するだけではないか。

こうした迷走は、執筆者である私から見ると、私の劣等感に動機づけられているように見える。私は、いつのまにか、高価な背広と立派な口髭の教授に出世したがっていた。質問に来た学生に、この本を全部読んでから出直しなさいと洋書を渡すような教授だ。

五

本書『ニーチェ＋』で目指したのは、以上の反省を踏まえた、『ニーチェb』『ニーチェl』の補完であり、拡充である。そのために、両書のために入り口をつくり、外気を入れる作業を行った。一言で言えば、つなぐ作業である。論文集とはいえ著作なのだから、少なくとも読者とのつながりを形成する努力が必要であるという当たり前のことに、私は気づかなかった。

論文集の入り口のために論文を書いたのでは、その論文のための入り口をまたつくらねばならないので、雑文を書いた。なんとか読者と論文をつなごうという努力であるが、私自身が自分の論文の背景を思い出し、今後の研究方針を考えるきっかけにもなった。講義のネタをそのまま書いているところも多く、結果的には、私の仕事に益するところの多い作業になった。

六

私以外の執筆者の方に原稿をお願いしたのも、つなぐ作業の一環である。

以前から、「ニーチェとその周辺」というタイトルの著書を構想していた。しかし、画期的の代わりにニーチェの名が使用可能なら、画期的なものにはニーチェ的ななにかがあるのではないかと推量し、構想を変えた。画期的なものを収集し、それらの画期性に含まれるニーチェ的ななにかを解明したくなった。そのためには、画期的なものの事例が知りたい。そこで、執筆者の方々に、ご協力いただくことになった。

当初は、執筆者の方々に、近代から現代へというテーマで原稿をお願いした。画期的なものがテーマでは、抽象的すぎて原稿依頼の主旨も伝わりにくいと判断したからだ。つまり、便宜上、画期的なものを、近代と現代とを画するものに限定したのである。したがって、出来上がった原稿が、内容的に近代から現代への移行の話でなくても、それは問題ではない。なんらかの変化の話でさえあればよかった。その変化が、画期的といえるほど重要でありさえすれば。

当然、画期性のニーチェ的側面の研究は、まだ序盤である。本書は、事例収集の一段階にとどまる。本書の諸論文は、画期的なものの集合の要素であるという緩いつながりをもつにすぎない。つながりの強化は、この研究の継続によってなされるであろう。

無茶ぶりに近い執筆依頼を受けてくれた執筆者の方々には、編者として感謝したい。ありがとうございます。今後も頼りにしています。

七

ところで、ニーチェは本当に画期的なのだろうか。名前が残ったからといって、その者が実際に新しい時代の扉を開いたとは言えない。その扉付近を示唆するのに便利であった、というだけのことかもしれない。逆に、名前が忘却された国語の先生は、どうであろうか。実は画期的であったということだって、十分にありうるのではなかろうか。

八

もちろん、エリザベスのアメも。

二〇一五年十二月　溝口隆一

ニーチェ＋

目　次

近代徳島における阿波藍の盛衰

はじめに

産業化が急速に進展した近代および現代[1]の日本では、私たち生活者[2]が営む日常生活とそれを包含する社会[3]の様相も日々変化し続けてきた。その変化の背景には、政治体制の変遷、政府主導による経済政策の展開、企業による経営戦略やマーケティング戦略の展開、法律や条例などの諸制度の変更、技術革新の進展、自然災害の発生など、さまざまな要因を想定できよう。そして過去に発生した史実を史料に基づいて追究し、社会変容の実態と意味を解明する史的研究分野として、例えば政治史、経済史、経営史、商業史、マーケティング史、流通史、市場史、法制史、技術史などがある。

さて近年、これらの史的研究分野に加えて、生活者が直接的・間接的に日々使用する商品[4]の観点から、社会変容の実態解明を目指す研究が進められつつある。その史的研究分野は商品史[5]と呼ばれる。商品史は、戦後日本では商品学の一領域として部分的に研究が深められてきた。[6] 一九九〇年代半ば以降は同志社大学人文科学研究所第一八研究会が中心となり、歴史学の一領域としての確立を目指し、今日まで研究が継続されている。[7]

本稿では、商品史の事例分析[8]のひとつとして、近世（戦国時代・江戸時代）以来の徳島の代表的な特産品である阿波藍を取り上げ、近代（明治～昭和戦中期）における阿波藍の普及と衰退の経緯と背景を明らかにすること、また阿波藍が近代徳島にもたらした影響を明らかにすること、以上二点を目的とし、阿波藍の観点から徳島社会の変遷を捉えたい。

本稿での考察の前提として二点確認しておく。第一に、本章での阿波藍の意味についてである。本章では、阿波地域（特に吉野川流域）で製造販売された染料としての藍全般を指すものとし、各藍商が製造販売した個々の阿波藍の違いには注目しない。第二に、本章でなぜ阿波藍を取り上げるのかについてである。筆者は徳島文理大学に勤務する関係上、商品史について徳島を事例に行えないかと考え各種文献を調査した。その作業中、阿波藍が徳島社会の形成に大きく作用している事実がある一方で、この点を追究した研究が十分展開されていないことが判明し、阿波藍を商品史研究で取り上げる意味があるのではないかと考えるに至ったのである。

加えて、商品史研究の課題という観点からも阿波藍を取り上げる意味があると考えた。筆者は以前、日本における商品史研究の現状を概観し、今後の研究の方向性の一端を明らかにした。それは、①現時点での商品史研究では、日本社会全体の変容の実態を解明することに力点を置く一方、土産品や特産品といった地域固有の商品群のなかで特定地域の生活・産業・経済・社会の在り様に影響を及ぼした商品に関する研究がほとんど展開されていないこと、②現代以前の日本社会（例えば近世日本や近代日本）に注目した研究が十分展開されていないこと、である。[9] したがって阿波藍は、商品史研究における上記二点の課題を補足できると考えられ、本稿の意義もこの点にある。

本稿の概要を記しておく。第一章では、近代以前（古代〜近世まで）の阿波藍の動向を概観する。第二章では、近世末期に日本に輸入されたインド藍の動向を述べる。第三章では、近代前期における阿波藍の動向を概観する。第四章では、近代後期に阿波藍産業が衰退した状況・背景・対策について、内的要因（地藍生産の拡大）と外的要因（ドイツ合成藍の輸入）の観点から述べる。第五章では、阿波藍が近代の徳島社会に及ぼした影響を「近代化」の観点から考察する。最後に、阿波藍から見た近代後期の意味を考察する。

第一章　近代以前の阿波藍[10]

日本への藍の伝来は四世紀頃と言われ、『日本書紀』にも藍に関する記述が見られる。染料としての藍は、八世紀の奈良時代から栽培され、『延喜式』（正倉院に収められる宝物や律令法の施行細則を集大成した法典）にも藍染に関する記述が確認される。室町時代には農業生産力が拡大し商品流通が進展する中で、各地で藍生産が展開された。

日本で藍が本格的に利用されるのは近世（戦国・江戸時代）以降である。藍は近世に商品作物として全国的に栽培・生産され、その代表的産地として阿波と摂津が挙げられる。特に阿波で生産された藍は「阿波藍」と称されて今日まで知られる。

阿波地域での藍の起源は平安時代（八世紀末〜十二世紀末）にまで遡る。阿波の山岳地域で藍栽培が開始され、徐々に吉野川中下流域の農村へ拡大したと見られる。文安二年（一四四五年）に記録された『兵庫北関入船納帳』によると、室町時代（十四世紀中〜十五世紀末）中期には大量の藍葉が阿波から兵庫の港に荷揚げされて京都へ積み出されたという記録が残されている。

日本各地で藍の需要が本格的に増加するようになったのは戦国時代（十五世紀末〜十六世紀末）である。武士が夏の戦場で野営する際に、蚊に襲われ皮膚を傷め膿むことがあり、それを防ぐ手段として鎧下を藍で染めたのが契機と言われる。しかし、戦国時代の騒乱によって農村が疲弊し藍生産が減少したことや、他の産地に比べ生産数量が少なかったことも影響し、近世初期の段階で阿波藍は全国的物産ではなかった。

江戸時代（十七世紀初〜十九世紀中）になると吉野川流域での藍生産は隆盛を極める。天正一三年（一五八五年）蜂須賀家政が徳島藩の藩主となり、撫養（現在の鳴門）の塩田開発とともに、阿波藍の生産と流通を保護し奨励するようになったことを契機に、阿波地域では藍生産が本格化した。藍作は近世当初（十七世紀初中頃）には農村地域の有力農民を中心に展開され、元禄〜享保期（十七世紀後半〜十八世紀前半）にかけて本格化した。この背景には、同時期に全国で進行していた貨幣経済化が徐々に農村部へ浸透したことや、有力農民の支配から自立ないしは自立化しつつあった小農民が換金作物としての藍作の有用性を認識し、本格的に藍作に取組むようになったことを指摘できる。このことが農村における商品経済化と貨幣経済化を促進した。そして十八世紀後半には阿波は藍の代表的産地としての地位を確立した。近世徳島における阿波藍の作付面積の推移を概観すると、十七世紀から十八世紀にかけて急増し、万治三年（一六六〇年）に約六〇〇町だった作付面積は、その後二〇〇年近く一貫した増加傾向が見られ、天保一一年（一八四〇年）には六〇〇〇町以上に達した。[11]

ではなぜ、吉野川流域では近世以降に阿波藍の大量生産が展開されたのか。その理由として、①近世には全国規模で木綿生産が盛んに行われ、木綿の染料として藍が使用されたこと、②「手板仕法」(阿波藍の濃度や色相を客観的に評価し、適正な製造条件を導き出す方法)と呼ばれる阿波藍独自の鑑別手法が確立されるなど、阿波藍の製藍技術の改良が進められた結果、阿波藍の品質が大幅に向上したこと、③吉野川流域の気候と地形が阿波藍生産に適合的だったこと、④徳島藩が近世以前から阿波地域で進められてきた藍生産を積極的に保護奨励したこと、以上四点が挙げられる。

吉野川流域で生産された蒅や藍玉の大部分は、徳島藩から販売権を得た藍商を通して大坂・名古屋・江戸をはじめとする全国市場へと出荷され、全国に供給された。徳島では近世を通して内陸運送が発達しなかったため、阿波藍の運送は吉野川から船舶を利用して海上航路で本州へ輸送された。元禄期(十七世紀後半)になると阿波藍の販売網は藩外に拡大し、全国的に阿波藍の存在が認識され、阿波藍の全国規模での生産・流通・販売体制が徳島藩の支援と管理の下で確立された。この過程で徳島藩と有力藍商との相互依存関係を濃密化させたが、それは近代に阿波藍産業を衰退させる遠因ともなった。

販売された阿波藍の基本的な消費方法は染色であり、衣類、手拭い、布団、風呂敷、暖簾といった生活必需品に染色された。また阿波藍はそれ自体を使用する薬用効果や防虫効果を得ることもでき、染料以外の活用方法も見出されるようになった。

第二章　インド藍の輸入

嘉永六年（一八五三年）のペリー来航と翌年の日米和親条約の締結により、日本は長年継続してきた選択的外交体制（一般的には鎖国）を解禁し、日本社会は開放経済へ移行した。

開国は徳島藩による阿波藍の管理統制体制にも影響をもたらした。特に重要だったのは、開港後に安価なインド藍が大量に輸入されたことである。インド藍は阿波藍と比較して色素含有率が高く良質で、しかも安価という特徴を持っていた。幕末から明治後半期にかけてインド藍の日本への輸入が本格化し、阿波藍が占有してきた国内の藍市場を徐々に浸食した。インド藍は阿波藍と比べ染色技術が簡単でかつ安価に大量染色が可能であったため、庶民の日常の衣服や野良着などをインド藍で染色する紺屋も出現した[12]。

インド藍は横浜へ輸入されたために、関東市場では阿波藍とインド藍の激烈な競争が展開され、関東では徐々に阿波藍の販売市場が縮小しつつあった。それは、当時の日本兵の軍服や官員の制服の大量発注に対して、大量生産が困難な阿波藍などの天然藍では対応しきれず、上述の特徴を持つインド藍の有用性に注目が集まり徐々に活用されるようになったためである[13]。その後、インド藍は一八八〇年代後半から一八九〇年代にかけて、日本に本格的に輸入された[14]。

しかしインド藍の普及時期は、日本社会全体が近代化を推進し、諸産業が発展・拡大する時期と重なっていたために染料の国内需要そのものが拡大し、インド藍と阿波藍は激しい市場競争を展開しながらも共存できた。阿波藍はインド藍の普及にも関わらず、日本国内では藍市場での優位性を維持できたのである。[15] したがって、インド藍の輸入が阿波藍をはじめとする国内の葉藍の存亡を大きく揺るがしたわけではなかった。

ちなみにインド藍は、一九〇四年頃を境に大幅に輸入量を減少させることとなった。その背景には後述するように、同年よりドイツ産の合成藍が日本へ輸入されるようになったことが挙げられる。[16]

第三章　阿波藍生産の活況

近世から近代へと移行しても、阿波藍の生産は活況を呈していた。阿波藍は開国によって輸入されるようになったインド藍と共存しながら全国市場を席巻する状況が明治初期まで継続された。

近世末期から近代初期にかけた、徳島における阿波藍の作付面積の推移を概観すると、万延元年（一八六〇年）から明治一四年（一八八一年）にかけて阿波藍の作付面積が急増し、万延元年（一八六〇年）の七〇〇〇町から明治一四年（一八八一年）には一万二〇〇〇町を超える数値を示した。[17] 幕末の開港（安政元年（一八五四年））以降、インド産の綿が日本に大量輸入され、国内では綿織物業が発達し染料となる藍の需要を激増させたことが、阿波藍の作付面積の増大に作用した。また明治四年（一八七一年）に廃藩置県が実施されたことで、江戸時代まで各藩で展開された藍の生産統制が撤廃され、各地域で藍を自由に加工販売できる環境が確立された。そのために藍作に参入する新規業者が増加し、このことも同時期の阿波藍の作付面積の拡大に貢献した。その後、明治一〇年（一八七七年）に勃発する西南戦争の頃まで、藍生産は活発に展開されることとなる。

同時期の藍作への参入者の増加に関して、玉師（藍製造人）の人数の推移を見ると、十九世紀の近世では一三〇〇～一五〇〇人程度で推移したが、明治期に入ると急激に増加し、明治元年（一八六八年）には一八〇二人、明治七年（一八七四年）には二一六六人、明治一一年（一八七八年）には四〇〇四人に増加している。[18] この傾向と上述の作付面積の推移とを照らし合わせても、幕末維新期に藍作が活発に行われていたことが読み取れる。

このように、近世に引き続き近代初期でも藍作は全国的に展開された。特に阿波藍は全国ブランドとして確立されつつあった。明治三六年（一九〇三年）には過去最高の生産規模に達し、徳島県は作付面積、生産量ともに全国の過半数を占めるに至った。まさに藍作は徳島を代表する巨大産業にまで成長したのであった。

また阿波藍は、量だけでなく品質の良さも全国的に知られ、高級な染料として認識されるようになった。当時の阿波藍は高級染物には不可欠な染料だったのである。こうした阿波藍を中心とした藍産業の動向を受け、明治政府は近代国家建設の一環として、国内の伝統産業の保護発展の観点から、紡績業と同様に藍産業にも高い関心を寄せていた。[19]

阿波藍が隆盛を極め特産品として全国ブランド化した結果、阿波藍は徳島県全体の産業や経済を牽引する主導的商品としての地位を確立した。阿波藍の生産数量と巨大産業化が進行した結果、徳島は多くの人口を抱える全国有数の産業都市として確立されることとなった。明治二二年（一八八九年）の市制施行時の各都市の人口を見ると、徳島市は六万人規模の大都市であり、全国第八位の人口を誇った。[20]

第四章　阿波藍産業の衰退

近代前期まで隆盛を誇った阿波藍産業であったが、近代後期になると逆に衰退の途を辿ることとなる。その背景として、内的要因（地藍生産の拡大）と外的要因（ドイツ合成藍の輸入）が挙げられる。前者を本章第一節と第二節で、後者を本章第三節と第四節でそれぞれ考察する。

第一節　地藍生産の増加と影響

阿波藍生産は明治後期以降、競合する藍製品の出現により低迷傾向が見られるようになる。阿波藍の作付面積は、明治一四年（一八八一年）から明治二〇年（一八八七年）にかけては一万二五〇〇町程度で推移してほとんど増加せず、明治二五年（一八九二年）にかけては一万町程度の減少に転じている。[21] その背景として、ひとつは第二章で述べた通り、開国に伴い安価なインド藍が輸入され、その影響が徐々に拡大するようになってきたことを指摘できる。しかしそれ以上に重要なのは、日本国内での地藍（徳島以外で生産される藍のこと）の生産が活発化したことである。その背景には、藍生産の自由化の進展と、インド綿の大量輸入が挙げられる。

明治三年（一八七〇年）の諸株解放令、および明治四年（一八七一年）の廃藩置県によって、近世まで各藩で展開された藍の生産統制が撤廃された。近世には特権的な藍商人と徳島藩との間に相互依存関係が構築され、阿波藍の生産流通統制が敷かれていたが、藍方代官所[22]の廃止によって阿波藍の管理統制が困難になり、さらに藍玉の製造販売が自由化されたことで、藍作に新規参入する業者が出現した。藍の専売制はこうして崩壊し、藍生産が全国的に活発化した結果、関東地域のほかに遠州、尾張、近江、紀州産の藍など、藍市への地藍の進出が見られるようになった。

また、イギリスが持ち込んだインド産の綿が日本に大量輸入されるようになったことも無視できない。インド綿は日本綿に比べて、①繊維が長く加工しやすいことから丈夫な糸や布を生産できること、②圧倒的に安価であること、③染色に際して高度な技術が必要ないこと、④①〜③により大量生産が可能なこと、これらの特徴を持つ。インド綿は、日本綿に対して持つこれらの優位性によって日本綿の市場を奪いつつあった。このことは日本の木綿産業を確立・発展させる契機になったが、国内で綿糸や綿布が大量生産されるようになったことで、染料としての藍が大量に求められ、日本の綿作地帯では綿に代わって藍の栽培と加工が行われるようになった。そのことが、国内の地藍生産を加速させる契機となった[23]。

こうした地藍生産の活発化は、阿波藍の生産にも影響を及ぼすようになった。藍の生産者数が増加する一方で、近世にわたって藍商間で培われてきた伝統的な商慣行が蔑ろにされた。その結果、全国規模で藍の粗製乱造や乱売が見られるようになり、藍の品質低下が進行した。また阿波藍よりも半額に近い価格で取引される安価な藍が市場に出回り、阿波藍の売上は低迷するようにもなった。

特に、徳島からの移住者が関与する北海道産の藍が阿波藍を脅かしつつあった。徳島から北海道への大量移住は、明治二年（一八六九年）に発生した徳島藩騒擾事件（稲田騒動）[24]を受けて旧稲田家が北海道へ移住したことに端を発する。その後、明治一二年（一八七九年）に麻植郡児島村出身の仁木竹吉が北海道での藍作を意図して、農民約三六〇名を率いて北海道へ移住した。阿波藍を取扱う徳島県内の業者のなかには、更なる成長と発展を求め県外へ移住するようにもなり、明治後半期になると徳島県内全域から北海道へ移住する者が絶えなかった。その背景には、①北海道では、藍作の肥料に不可欠な鰊粕を安価かつ容易に入手可能だったこと、②阿波藍産業の停滞傾向が見られ始めたなかで、農村部では労働力の過剰が生じたために生活者の県外移出の動きが見られ、流出先のひとつとして北海道への関心が高まったこと、③徳島県も積極的に北海道移住を進める政策を展開したこと、④明治四〇年（一九〇七年）から昭和二年（一九二七年）に行われた吉野川第Ⅰ期改修工事に伴い、流域の土地が河川敷や堤防敷のために潰地となり、土地を失くした農民のなかに北海道へ移住する者がいたこと、以上が挙げられる。徳島から北海道への移住者は明治大正期で五万人近くに達し、北海道での藍の生産高は四万三〇〇〇貫に達した。[25]

第二節　阿波藍商人による対策

こうした状況に対し阿波藍商人は対策を講じる。藍生産の自由化が進行したものの、阿波藍に対する人気は全国的にまだ高く、地藍に対する優位性は揺るがなかった。しかし、阿波藍の粗製乱造や乱売を憂慮する藍商人も多く存在した。そんななかで、阿波藍の品質低下が現実化し、各地の問屋や紺屋からの苦情も散見されるようになったことから、阿波藍への信用回復を図る必要が出てきた。[26]

こうして阿波藍商人は、自主的な生産流通の統制機構の再形成に向けた動きを見せるようになった。明治八年（一八七五年）には藍商人の一部が結集し、藍生産の自己統制を進め乱売防止を進める自治組織として「精藍社」が結成され、藍売買の監督管理や県外移出地の徹底検査を行うようになった。精藍社は明治九年（一八七六年）には「名藍社」と改名し、より広く同業者への協力を訴えた。しかし、これらの組織では十分な実質的成果を上げることができなかった。そこで制度的観点からの統制を進めるために、明治一六年（一八八三年）に藍商取締会所規則を制定し、品質低下傾向にあった阿波藍の徹底した品質管理の実行を促し、阿波藍による藍市場の再独占を目指した。明治一八年（一八八五年）には徳島県の告示によって「藍玉精良品選挙並びに褒章授与手続き」が制定され、品質によって藍を区分し、藍の品質の明確化が進んだ。明治二六年（一八九三年）には「株式会社徳島藍会社」が設立され、阿波藍の品質管理の徹底が目指された。なお明治政府もインド藍の輸入増加による阿波藍の衰退を懸念し、明治九年（一八七六年）には「朝陽館」という製藍工場を開設し徳島にも工場が設けられたが、この取組みは失敗に終わった。

これらの対策によって阿波藍の品質は改めて保証されることになった。全国の紺屋は、地藍の普及が進んでも阿波藍の品質の高さを見抜いていた。明治期の全国各地の紺屋では、下染には地藍を使用するが仕上げ染には阿波藍を使うのが常識となっていた。全国の紺屋にとって阿波藍は必要不可欠な染料であり、そのことが阿波藍の高価格と高品質を支えた[27]。こうした取組みの結果、阿波藍の作付面積は明治二五年（一八九二年）から明治三六年（一九〇三年）にかけて再び拡大し、明治三六年（一九〇三年）には過去最高の一万五〇〇〇町に達している。同時期に日清戦争（明治二七年、一八九四年）の勝利による景気の上昇期が重なったことも影響していただろう。一方で、明治三六年（一九〇三年）のピークは、決して阿波藍の優位性を示すものではなく、明治三五年（一九〇二年）から開始されるドイツからの合成藍の輸入量が、日本国内の藍の需要に応えきれなかったためとする指摘もある[28]。また明治三三年（一九〇〇年）時点の藍の生産・移入高と主要染織物産地を確認すると、他県と比較しても圧倒的に徳島県の生産量が高い状況にある。阿波藍出荷の最盛期は明治二五年（一八九二年）から明治三六年（一九〇三年）であり、明治三三年（一九〇〇年）には約一八〇〇〇tもの阿波藍関連の製品を全国へ出荷し、葉藍収穫高も全国の約二五%を占めていた[29]。

しかし一方で、阿波藍商人の中でも地藍の扱いを巡って意見が対立し、地藍の取扱いを認めない主流派と、阿波藍と地藍を並行して取り扱うことを認める少数派との間で激しく議論が交わされ、両者間で対立が表面化していた。この議論を通して、多くの藍商が地藍やインド藍を取扱うことを拒否し、「阿波藍の純血を守るべきだとの意識に大多数が縛られ」た。しかしそのことが、近代後期以降の阿波藍の低迷を促進する一因となった。[30]

また、藍作で巨大資本を手にし、日本各地の情報収集能力に長けた藍商のなかには、藍作のこれ以上の成長と発展を大きく期待できないことを感知する商家も出現した。そのような藍商は、自身の財力を活用して藍以外の商業活動を模索していくことになった。こうした徳島の有力藍商は、鉄道、金融、酒造、肥料、化学染料、食品加工、地主経営などを展開するようになり経営多角化を推進した。例えば、小松島の藍商の転業事例として、井上家は阿南市の辰巳新田の開発や海運業へ、西野家は酒造業へ、松浦家は肥料問屋への転業を進めた。[31] しかし全ての藍商がこうした多角化や転業を実現できたわけではなかった。阿波藍によって蓄積された巨大資本の多くが産業資本に注がれることはなく、その多くは農地購入や地主化を促進してしまったため、近代後期以降の徳島の産業育成を大きく停滞させることになった。[32]

第三節　ドイツ合成藍の輸入

二十世紀の到来とともに、阿波藍の生産量は急激に縮小した。その決定的要因となったのが、インド藍とは異なる新種の藍が日本に輸入されるようになったことであった。明治三六年（一九〇三年）以降、ドイツのバイエルン社が開発に成功して本格的に販売されるようになった合成藍が、日本に輸入されるようになった。化学染料である合成藍の利点として、日本へ輸入済みであったインド藍よりもさらに安価であること、高度な技術や手間が不要であり染色方法が容易であることが挙げられ、大量生産を実現する上で極めて合理的な染料であった。つまり合成藍は、日本産の藍やインド藍と比べて高い優位性を持っていた。日本では合成藍のこうした利点が支持され急速に普及した。その結果、合成藍は日本の藍市場を席巻し、短期間で阿波藍やインド藍を駆逐するまでに至った。

合成藍の登場により、天然藍である阿波藍の製造販売に携わってきた商人の活動範囲は著しく縮小させられた。明治三六年（一九〇三年）以降、阿波藍と地藍は急速に国内での市場占有率を喪失した。特に阿波藍は今日まで勢いを取り戻すことができていない。明治三六年（一九〇三年）以降、阿波藍の作付面積は大正元年（一九一二年）までの僅か九年間で一万五〇〇〇町から三〇〇〇町となり、生産規模を五分の一にまで縮小させている。その後も総体的には大正期・昭和初期を通して作付面積が縮小し、昭和期には一〇〇〇町すらも割り込むまでに縮小した[33]。

では、なぜ阿波藍生産は短期間で急激に衰退したのか。つまり、徳島の藍商がドイツから輸入された合成藍に対抗する手段を持ち得なかった背景とは何か。直接的には、阿波藍商人の経営活動が環境適合的ではなかったことが挙げられる。具体的には、①東京に支店を持たなかった藍商のなかには、明治初期（特に西南戦争前後）の日本社会（特に東京）の藍産業に関する市場情報の収集が困難であり、また積極的な情報収集活動を展開しなかったため、市況を十分に把握することができなかったこと、②当時の阿波藍産業の関係者の多くが、インド藍や国内の地藍の対策に奔走してしまい、真の競争相手であったはずのドイツ合成藍への対策をほとんど検討できなかったこと[34]、③②の結果、品質面でドイツの合成藍に勝っていた阿波藍の将来性を楽観し、合成藍の市場拡大の動きを一時のブームに過ぎないと捉えた藍商が多く、このために藍産業全体が変容しつつある実態を正確に認識することを疎かにしたこと、以上三点が挙げられる。

しかし阿波藍産業の衰退の兆しは、合成藍が輸入される以前から既に見られ始めていた。ここではその前兆を三点指摘しておく。

第一に、阿波藍の製造販売に関わっていた商人のなかには、江戸時代以来の伝統的な製造販売方法から脱皮する意識を強く抱けず、旧来の製造販売手法に固執し、地藍との共存やそれの活用方法を模索しようとしなかったことである。つまり、藍玉をそのまま染料として販売し利益を上げるという近世以来の販売方法に固執したため、それを加工し新たな商品生産に結びつけるといった販売戦略が模索されることはほとんどなかった。また藍商のなかには近世と同様に、権力に依存（癒着）し特権を確保したままの商業活動に甘んじる者が多かった。

第二に、精藍技術の工業化が進展したにもかかわらず、阿波藍はその商品特性から大量生産が困難であり、近代産業（つまり工場制機械工業）へ転化できなかったことである。この点に関して、後藤（一九六〇）は、当時の日本の染色工業全体が高度な製造技術・製造時間・製造コストを要する家内工業から、短時間かつ低コストで大量生産可能な機械工業に転換するようになったが、阿波藍の製造がこうした機械工業化に向いていなかったことを挙げている。[35]また徳島市史編さん室編（一九八三）は、「阿波藍の没落は、阿波藍業者有志による懸命の精藍改良の努力にもかかわらず、伝統工芸的な生産技法・染色技法から脱却できず、近代的な機械染色に対応できなかったので、阿波藍の品質、色香のすばらしさは万人の認めるところであっても、染色にかかる生産コストの面で化学染料の安さや技法の安易さにかなわなかったのである」[36]と指摘する。さらに徳島ペンクラブ編（二〇一〇）は、日本の産業近代化のなかで「軍事や行政の機構が整備充実するに伴って大量の染織需要が発生してくると、染織業界でも紺屋による家内工業では間に合わず、どうしても工場制工業によって大量の染織を消化しなければならなくなった。つまり、染めるために高度の技能と時間や手間を必要とする天然藍染では、どうしても大量の受注に応じることが不可能だったのである」[37]と指摘する。

第三に、明治政府による殖産興業政策である。資本主義社会の確立を促進し欧米列強諸国の技術・文化・制度の導入を進めた殖産興業政策では、鉄道業や鉱業の整備と言った当時の最先端産業の育成だけでなく、日本の伝統的な在来産業（綿・絹・羊毛の製造など）の保護育成にも尽力した。[38]しかし、在来産業であるはずの阿波藍産業が基本的にはそれの対象外となってしまったことから、阿波藍の近代産業化が困難になってしまった。

こうした課題を抱えつつも、合成藍が輸入される以前は、先述の通り阿波藍の産業的地位を確保することができた。しかし、ドイツ産の合成藍の輸入とそれの日本社会での急拡大とともに、阿波藍産業が抱えてきた上記の構造的課題が一気に噴出することとなった。

第四節　ドイツ合成藍への対策と効果

生産販売量と作付面積の急速な縮小に直面した阿波藍の惨状を受けて、藍商や藍作人が全く対策を講じなかったわけではない。藍商や藍作人は自身の存続を図るためにさまざまな手を尽くした。大きく分類すると、藍を存続させるための対策（以下、第一・第二）と、藍を犠牲にしてでも藍商や藍作人が存続するための対策（以下、第三）が見られた。

第一に、伝統工芸品としての活路を見出すことである。つまり近世以降、徳島の特産品として培われてきた阿波藍を伝統工芸品として位置づけ直し、新たな市場開拓の可能性を模索することである。阿波藍は久留米絣や伊予絣のような伝統工芸的な生産の場に活路を見出そうとした。しかしそれも一時的効果しか発揮せず、次第に退勢を強いられることとなり、十分な対策法とはならなかった[39]。なお、徳島県内で阿波藍を伝統工芸品や観光商品として捉え産業振興の起爆剤にする動きは、現代（戦後～今日）に本格化する。

第二に、同業組合による働きかけである。明治三〇年（一八九七年）の重要輸出品同業組合法の制定により組織変更された阿波藍製造販売同業組合は、ドイツ藍に対する退勢を押し留めるために、機関紙『阿波藍』を活用して、阿波藍による新分野の開拓の重要性と存続の必要性を藍農民や業界関係者に訴え続けた[40]。しかし吉野川流域の治水工事の進行に合わせて、藍作農民が次々に藍園（畑）を水田や桑園（畑）に転換していくようになった。こうした転作による藍作の急速な縮小に対して、阿波藍製造販売同業組合では有効な手を打てないまま、昭和一八年（一九四三年）に商工組合法が公布されたのを機に解散を決意し、昭和一九年（一九四四年）九月に解散した。

第三に、藍作に代わる農業を推進することである。具体的には、①吉野川流域に広がる藍畑の水田化（用水路の建設）によって稲作を育成していくこと、②藍作の副業を展開すること、以上二つの動きが見られた。

まず①について。吉野川流域では地理的・経済的利点から稲作の展開が長く期待されてきたものの、治水工事が困難だったため、近代に至るまで畑作（特に藍作）が展開されてきた。しかし近世には既に藍作から稲作への転換を図る動きが見られた。嘉永三年（一八五〇年）には「吉野川筋用水存寄上申書」が提出され吉野川流域の水田化を建議していることから、近世から稲作への移行には吉野川の治水と灌漑施設の設置が必要不可欠であることが認識されていたことが窺える。しかし吉野川流域の水田化への動きが本格化するのは近代以降である。明治一六年（一八八三年）よりオランダ人の御雇外国人であるデレーケによって、三好郡から河口までの実測調査が行われ、明治一九年（一八八六年）より河川改修工事を開始し、昭和二年（一九二七年）に完成した。これは旧吉野川の流れを堰き止め、別宮川を本流とする工事であった。こうした本格的な吉野川改修工事はその後も紆余曲折を経て進められ、明治末期から昭和初期にかけて内務省のもとで吉野川の大規模改修工事が進められた。その結果、吉野川流域の桑園（畑）化や水田化が飛躍的に進んだ。麻植郡の森山村と牛島村（現在の吉野川市）、名西郡高川原村（現在の石井町）などの六町村では、明治三七年（一九〇四年）に大干ばつに見舞われたことや、同時期にドイツから合成藍が輸入されるようになったことを契機に、明治三八年（一九〇五年）に農業再生のための用水路建設を目指す麻名普通水利組合が設立され、明治四五年（一九一二年）には吉野川から取水する麻名用水が完成した。その結果、同地域の吉野川流域は藍作中心地域から稲作中心地域へと変貌を遂げた。[41]同様に、明治三九年（一九〇六年）に紀念板名普通水利組合が吉野川北岸の板名用水への通水によって周辺地域の藍作から稲作への転換を図るために、吉野川に土俵や石を積み上げた仮堰を築造し、昭和七年（一九三二年）に現在の姉原堰が完成した。これによって吉野川北岸中下流域に農業用水が安定供給できるようになり、かつての藍作地域は稲作だけでなくニンジンやレタスなどの多様な作物を生産できる農業地帯に変貌した。[42]

次に②について。阿波藍産業の先行きが不透明になってきた明治四〇年（一九〇七年）前後から、藍作地域では各種の副業が発展するようになった。これにより藍作の衰退によって過剰となっていた農村労働力の多くが吸収され、藍作の代替農業として機能することになった。副業として、沢庵漬、大根切干、莚・縄・俵などの藁製品、簾・笠などの竹製品、蚕綱、杞柳製品、素麺、養豚、養鶏が行われた。[43]

これら①②により、吉野川流域を中心とする阿波北部地域では、近世以降より繁栄してきた藍作が大きく衰退し、吉野川流域の農村の景観だけでなくその農業構造も大きく変貌した。例えば、吉野川流域にある名西郡における水田面積と畑面積の推移を見ると、明治二〇年（一八八七年）から明治四四年（一九一一年）までは、藍作を含めた畑作面積が約二六〇〇町から約二九〇〇町へ緩やかに増加し、水田面積が約八〇〇町で横ばいに推移した。しかし、大正元年（一九一二年）に板名用水と麻名用水が開通したことで、畑作地域であった名西郡でも水田稲作が実現し、畑面積が急減する一方で水田面積が急増した。大正元年（一九一二年）から大正五年（一九一六年）の僅か五年間で水田面積が約八〇〇〇町から約一万八〇〇〇町へと二倍以上に拡大した一方で、畑面積は約二九〇〇〇町から約一九〇〇〇町へと大幅縮小し、この時期に畑作（特に藍作）から水田稲作への転業が大きく進行した。その後、大正五年（一九一六年）から大正一〇年（一九二一年）にかけて水田面積は畑面積を上回り、大正期には畑作の中でも桑園（畑）の面積が拡大した。[44]

阿波藍産業の衰退を目の当たりにした徳島県では、桑、養蚕、大豆、大根、雑穀など藍に代わる産業の育成に尽力し、特に藍の代替品として養蚕を奨励した。そして養蚕の技術者の養成に努めるため、明治三九年（一九〇六年）には板野蚕業学校（現在の徳島県立板野高校の前身）が設立されるなど、生糸生産に力を注いだ。しかし昭和五年（一九三〇年）頃を境に、食糧増産が求められる中で桑園（畑）は麦畑や芋畑に代わった。[45]大豆の生産も活発に展開され、それらは阪神地域でも販売されるようになった。名西郡や板野郡では蔬菜園芸地帯へと変貌し、特に沢庵漬の原料となる大根の栽培が活発に行われた。沢庵漬は「阿波沢庵」として全国へ出荷され、今日も同地域の名産品として親しまれている。

以上のように、吉野川流域の大規模改修工事が進んだ結果、水田化と桑園（畑）化が進行し、藍作は大きく後退することになった。かつて藍作で繁栄した諸地域では水田稲作、蔬菜園芸、食品加工業が展開されることになった。また豪商と呼ばれた藍商のなかでも、近代的な企業経営方式を導入し存続し得たのは、全国からの情報収集に尽力し経営多角化を推進した、奥村家[46]を含めたごく僅かの藍商のみであり、その他は蓄積した資本を有効に投資することのないまま、地主に止まってしまうケースが大半であった。藍商資本の多くは土地集積に投下され寄生地主として存続したが、それも戦後の農地改革によって消滅した。[47] また藍作に従事した大多数の農民は、藍作自体が行えなくなったことから自身の経済力を喪失した。この点に関して三好・高橋編（一九九四）は、「徳島県の近代経済の展開にとって、明治三十年代における阿波藍の衰退は、大きいアクシデントとして、決定的な打撃を被ったことは間違いない。この阿波北方を襲った荒波により、一握りの藍商たちこそ近代的な企業経営に転換して成功を収めたが、大多数の藍商や藍師たちは、それまでの収入源を断たれ、藍で蓄積してきた資本を有効に投資することもできなかった。県の農政も目前の変化ばかりにとらわれて、試行錯誤を繰り返し、前途を見すえた指導体制が構えられなかったため、じりじりと後進国への道を歩み始めたのである」[48] と述べている。徳島では近世・近代において阿波藍に依存し過ぎたがあまり、これに代替する商品や産業の育成を怠った。その結果、阿波藍産業の衰退が日本社会における徳島の相対的地位の低下に拍車をかけることになった。[49]

こうしたことを背景に、明治二十年代から昭和初期にかけて、農民が離村する傾向も顕著になった。吉野川流域の農家戸数の推移をみると、明治二五年（一八九二年）には七万〇〇八九戸だったが昭和三年（一九二八年）には六万二八四〇戸まで、農業者人口は明治四一年（一九〇八年）には二八万七八五〇人だったが、昭和三年（一九二八年）には二五万九五二〇人にそれぞれ減少している。[50] 藍作での生計維持が困難となったことが背景となり、農民の中には稲作や畑作へ転業するのではなく、農業そのものを放棄した場合も多かった。

その後、藍作は太平洋戦争中には食糧生産が優先されたために禁止された。田畑や空地は食糧増産のためだけの使用しか認められず、一時は藍作の作付けがゼロ近くにまで落ち込んだ。[51] しかし一年草であった藍は、一年でもその種子を採集できなければ絶滅してしまう植物であるため、藍作人の中には戦中期も密かに藍作を継続した者もいた。[52] そうした彼等の命懸けの取組みが、戦後の阿波藍の存続と復興に大きく貢献することになった。

第五章　徳島社会への影響―近代化への貢献

本稿第一章から第四章では、近代徳島社会における阿波藍の成長と衰退の経緯と背景について考察した。では阿波藍は近代徳島にどのような影響を及ぼしたのだろうか。様々な影響を想定できるだろうが、本稿では紙面の都合から一点だけを強調したい。それは、阿波藍の製造販売を通して蓄積された資本が徳島社会の「近代化」[53]に貢献したという点である。つまり、近世と近代を通して阿波藍によって蓄積された膨大な資本が、金融業や交通業を中心とした徳島社会の近代化を促進し、近代産業の育成が進められていったことである。

近世に資本を蓄積した藍商の一部は、その財力を活用して徳島の近代産業の成長を促進した。徳島県での近代的企業の形成は、全国的傾向とほぼ同様に金融業や交通業（特に海運業）の分野から開始され、それが製造業に波及した。明治期の徳島県の主要産業企業の形成過程を概観すると、徳島県の近代産業の形成が明治十年代の金融業（銀行の創設）を起点とし、明治十年代から二十年代初頭の海運業の整備の後に、明治二十年代後半（特に日清戦争後）に鉄道業・工業（特に製造業）・商業の分野で近代的企業が成立するようになった[54]。

以下では、近代徳島における代表的な藍商の多角経営の例として、金融業と交通業の場合について言及する。

第一節　金融業

金融業に進出した代表的藍商として、久次米《くじめ》家と大串家の活動を取り上げる。

久次米家は、十七世紀後半には藍商として頭角を現し、享保四年（一七一九年）には関東売藍商三六名の中心的存在となった。近世には藍と材木で膨大な富を蓄積し、阿波の藍商を代表する存在となった。久次米家はその財力によって徳島藩の財政危機の回避にも貢献するとともに、藍商と藩権力との共生関係を構築した代表的存在でもある。近代になると、蓄積した経済力を活用して金融業への関心を高め、国立銀行条例の改正による私立銀行の設立が可能になったことを受け、明治一二年（一八七九年）に久次米銀行を設立した。藍商である久次米家が金融業に進出した背景には、単に全国的な銀行設立ブームに刺激されただけでなく、「阿波藍流通・材木取引などの上で、遠地間商業による販売代金回収のために送金為替業務の重要性を認識し、経営体として金融機能の合理化を意図した」[55]ためと指摘されている。こうした取組みの結果、久次米銀行は徳島における金融業の先駆的存在となった。しかし、久次米銀行では無理な拡張経営が展開されたこと、最大収益をあげていた東京支店の経営が低迷したこと、日本最初の資本主義恐慌の煽りを受けたこと、近代化に適応できる人材が育成されなかったことが要因となって、明治二四年（一八九一年）に久次米銀行は破綻し関東部と関西部に分離された。関東部は久次米家によって株式会社久次米銀行として再出発を図るも、明治三一年（一八九八年）に久次米家自体の破産によって同銀行は消滅した。一方で関西部は、明治二四年（一八九一年）に徳島支店・大阪支店・洲本支店を継承して「合名会社阿波銀行」として再出発した。この銀行は徳島の有力藍商や富豪の資本を再結集して経営を展開し、明治二九年（一八九六年）には「阿波商業銀行」に改組した。その後、徳島銀行・二木ビルブローカ銀行・徳島貯蓄銀行・阿波貯蓄銀行を合併し、昭和三九年（一九六四年）に阿波銀行と改称した。阿波銀行は地元密着型の銀行として、今日も徳島県における代表的な金融機関としての役割を担っている[56]。

大串家は、近世から近代初期にかけて藍商として財をなした商家である。近代では藍商として蓄積した財をもとに銀行業、電灯業、鉄道業への進出を図った。明治一五年（一八八二年）に徳島銀行を設立した。徳島銀行は徳島県内では第八十九国立銀行、久次米銀行に次いで三番目の開業となった。明治二四年（一八九一年）に久次米銀行が破綻したのを機に徳島県の公金取扱指定銀行となったことで成長を遂げた。しかし昭和二年（一九二七年）に取付けに遭い休業に追い込まれた後、昭和三年（一九二八年）に破綻し、これを機に大串家も没落していくことになった。

このように久次米家と大串家は、金融業進出による失敗により家自体は消滅してしまったが、両家による徳島県内での金融業の開拓は、近現代における徳島の金融業界形成の先駆となった。こうした金融業界の形成は日清戦争以降、徳島での交通業や製造業における近代企業の出現と育成を促進していくことになった。

第二節　交通業

交通業に進出した代表的藍商として、大串家と川真田家の活動がある。
大串家は、まず明治二八年（一八九五年）に徳島電燈株式会社を設立する。東京・横浜・名古屋・京都・大阪の諸都市では、既に明治二〇年（一八八七年）に電燈会社が設立されて電灯が普及していたが、徳島電燈による電灯の設置によって、ようやく徳島県でも電灯が灯るようになった。徳島電燈は四国で最も早く灯りを照らすことに貢献した。なお徳島電燈はその後、度重なる合併の後に昭和二六年（一九五一年）に四国電力徳島支店となっている。鉄道に関しては、一八九〇年代に第二次鉄道ブームが発生し、地方鉄道の建設が促進されたのに乗じて、徳島県内の鉄道網の整備が進められた。明治二九年（一八九六年）には徳島鉄道株式会社を設立した。徳島鉄道のもとで、明治三一年（一八九八年）に徳島駅〜鴨島駅間を開業し、明治三三年（一九〇〇年）に徳島駅〜船戸駅間が開業した。なお徳島鉄道は明治三九年（一九〇六年）施行の鉄道国有法に基づき明治四〇年（一九〇七年）に国有化された。[57]
川真田家は、近世には魚肥や阿波和三盆の取扱いや阿波藍の移出で財を成し、幕末維新期に経営基盤を確立した。近代には阿波藍の品質向上に尽力し、明治九年（一八七六年）の「名藍社」設立の中心的存在となる。明治一七年（一八八四年）に関西のいくつかの汽船会社が合同して大阪商船株式会社を誕生させ、阿波藍の輸送運賃の値上げを図り徳島航路を独占するようになった。藍商はこれに対して値下げ交渉を展開したが受け入れられなかったことを契機に、川真田家などの藍商が協力して、藍玉積出しに要する輸送コストを抑制することを目的に、明治二〇年（一八八七年）九月に、他の藍商との共同出資で阿波国共同汽船株式会社を設立し、阿波〜阪神間の定期航路を開拓した。[58]この会社の登場は、徳島と近畿との海上交通網（流通網）の開拓に貢献した。また川真田家は、明治二八年（一八九五年）には徳島電燈株式会社の設立、明治二九年（一八九六年）には徳島鉄道株式会社の設立にそれぞれ参加した。加えて大正二年（一九一三年）には、徳島駅〜小松島駅間の鉄道路線を開業させている。[59]このように川真田家では、近世から近代初期にかけて展開された阿波藍を中心とする商業活動によって資本を蓄積し、それを元手に海運と陸運（鉄道）の両面で徳島県内外の交通網の発展と充実に貢献することになった。

以上の銀行業と交通業の事例で見たように、阿波藍の製造販売によって近世に蓄積された莫大な資本は、金融業と交通業を起点として明治・大正期における徳島の近代化を促進するうえで大きく貢献したことが窺える。徳島県の近代化の推進は、当時の日本社会全体の動向と同様に、藍商に代表される民間による旺盛な企業活動のもとで展開されていった。

おわりに

本稿では、近代日本における商品史の事例分析として、近世に本格的に製造販売されるようになった徳島の代表的な特産品である阿波藍を取り上げ、阿波藍が近代以降に歩んだ成長と衰退の経緯とその背景、また阿波藍が近代の徳島社会に及ぼした影響について検討した。なお本稿では社会経済史や経営史の先行研究を踏まえ、阿波藍という商品の観点から、近代という時代と、徳島という地域の変遷を考察したが、商品史で本来追究すべき日常生活の変容実態にはほとんど触れられなかった。この点については今後の研究課題としたい。

最後に本書全体のテーマとの関連で、阿波藍から見た近代後期（一九〇〇年～一九四五年頃）の意味づけをしておく。

第一に、阿波藍の商品史の分岐点となったことである。つまり近代前期（～一九〇〇年頃）までの阿波藍は長期的な普及・発展・拡大・成熟期にあったが、明治三六年（一九〇三年）以降のドイツからの合成染料の輸入という直接的かつ決定的な外的要因を契機とし、阿波藍は急速な停滞・衰退期に突入し、今日までその状況を打開できていない。阿波藍は近世以降、今日まで徳島の代表的な特産品ではあるが、その内実を見ると、近代後期を境に阿波藍は徳島の政治経済を主導する商品としての地位を滑り落ち、消滅の可能性すらある衰退商品として認識され、復興や振興の対象として阿波藍が捉えられるようになった。

第二に、第一の結果として、全国の都道府県における徳島の総体的地位を低下させることになったことである。既述の通り、近世と近代前期における阿波藍産業の隆盛の結果、明治二二年(一八八九年)の市制施行時の徳島市が六万人規模の大都市にまで成長して全国第八位の人口を占めていたが、近代後期になると徳島の政治経済を牽引した阿波藍が大きく衰退し、また阿波藍を代替する商品や産業が出現しなかったことも作用し、徳島県の全国的地位が大幅に後退することとなった。そのことが現代でさえも、四国や全国のなかで徳島が後進県に位置づけられる一因となっている。

第三に、本稿第五章で既述の通り、阿波藍によって蓄積された大資本が近代後期以降の徳島社会の近代化に大きく貢献したことである。近代後期は日本社会全体における産業革命の進展を背景にして、徳島社会に金融業、鉄道業、鉄鋼業、サービス業などが出現し、商品生産の大量化と工場化が進められていった。

《追記》

本稿は、日本商品学会による二〇一三年度研究助成金を活用した研究「地域商品の普及と影響に関する研究—徳島県の場合」(二〇一三年七月~二〇一四年三月)の成果の一部である。

註

1 本稿は日本を考察対象とすることから、「近代」とは明治時代、大正時代、昭和戦前・戦中期（一九四五年八月の終戦まで）を指し、「現代」とは昭和戦後期〜現在（平成期）までを指すものとする。なお本稿では、「近代前期」とは十九世紀の近代、「近代後期」とは二十世紀の近代をおおよそ指すものとして捉える。

2 本章でいう「生活者」は、消費主体である「消費者」だけでなく、商品の生産主体である「生産者」、さらには特定商品の生産と消費に直接関与しない「第三者」も包含する概念として使用する。

3 本章でいう「社会」とは、生活者を取り巻く世の中（諸環境）全般を指すものとする。社会には、家族・友人・学校・職場といった生活者の人間関係を中心に形成される場合と、地域・県・国・海外諸国といった地理的に形成される場合の両方がある。

4 本章では商品の意味を「生産者や流通業者により製造・流通・販売され、消費者に購入される有形財と無形財、もしくはそれらの総体」と大きく捉え、緩やかに規定しておく。なお、商品概念は時代によってさまざまな意味を有するが、この点については鍛冶（二〇一五）を参照されたい。

5 同志社大学人文科学研究所第一八研究会が提唱する商品史とは「…商品、生活、社会の密接な相互関係の内実を歴史的に整理し、その含意を解明しようとする研究分野」（石川（二〇〇四）八頁）のことである。

6 商品学における商品史研究の現状と課題を整理した研究として、鍛冶（二〇一〇）がある。

7 歴史学（特にランドマーク商品研究）からのアプローチによる商品史研究を行った共同研究書として、石川編著（二〇〇四）（二〇〇六）（二〇〇八）（二〇一一）（二〇一三）、川満編著（二〇一五）がある。

8 商品史研究の内容を大きく分類すると、事例分析（考察対象商品が及ぼす影響や課題などを明らかにし、ランドマーク商品と位置づけられるかを検討するための分析）と、概念分析（商品史やランドマーク商品という概念そのものに関する理論的分析）に分けられる。

9 以上は、筆者の学会報告（鍛治（二〇一二））での指摘である。

10 近代以前の阿波藍の普及と徳島社会への影響については、鍛治（二〇一六）で考察しているので参照されたい。

11 天野（一九八六）一四頁。なお、「町」とは面積の単位であり、一町＝約三〇〇〇坪＝約九九〇〇㎡である。

12 三好（二〇一〇）五八頁。

13 徳島ペンクラブ編（二〇一〇）三九頁。

14 西池（二〇一二）一一四頁。

15 徳島市史編さん室編（一九八三）三五二頁。

16 西池（二〇一二）一一五頁。

17 徳島市史編さん室編（一九八三）三五二頁に掲載された「表」より引用。

18 石井町史編纂会編（一九九一）三二〇頁に掲載された「表」より引用。

19 明治政府の藍産業への関心については、西池（二〇一二）一一六―一一七頁を参照されたい。

20 須藤編（二〇一二）一一四頁。

21 徳島市史編さん室編（一九八三）三五二頁に掲載された「表」より引用。

22 藍方代官所とは、明和三年（一七六六年）に設置され、徳島藩の阿波藍関連の業務と管理を担い、阿波藍産業の発展に寄与した役所のことである。

23　徳島ペンクラブ編（二〇一〇）四〇頁。
24　徳島藩騒擾事件（稲田騒動）とは、徳島藩洲本城下に在住の蜂須賀家の家臣が稲田家の別邸などを奇襲した事件のことである。この事件は淡路島の帰属問題にまで発展した。
25　農民の北海道移住に関しては、平井（一九九九）を参照した。
26　三好・松本・佐藤（一九九二）七三頁。
27　立石（二〇〇二）二一頁。
28　川人（二〇一〇）二三頁。
29　三好・高橋編（一九九四）二四頁。
30　徳島ペンクラブ編（二〇一〇）四一頁。
31　小松島市史編纂委員会編（一九八一）三八一頁。
32　湯浅（一九九四）四八頁。
33　徳島市史編さん室編（一九八三）三五二頁に掲載された「表」より引用。
34　詳しくは、西池（二〇一一）第四章を参照されたい。
35　後藤（一九六〇）一四―一五頁。
36　徳島市史編さん室編（一九八三）三五二頁。
37　徳島ペンクラブ編（二〇一〇）四二頁。
38　朝尾・宇野・田中編（二〇〇七）五三九頁。
39　徳島市史編さん室編（一九八三）三五三頁。
40　徳島市史編さん室編（一九八三）三五三頁。

41 土井（二〇一四）。
42 富士（二〇一四）。
43 井口（一九九三）一四―一五頁。
44 徳島市史編さん室編（一九八三）三五四―三五五頁、ならびに同書三五五頁に掲載された「表」より引用。
45 福井（一九七三）二一六頁。
46 奥村家の経営活動については、三好（一九九九）を参照。
47 徳島市史編さん室編（一九八三）三五六頁。
48 三好・高橋編（一九九四）二〇四頁。
49 昭和初期に徳島経済の主導的役割を担った阿波藍産業の衰退を受け、徳島商工会議所は徳島経済の再建と活性化を目的に、当時「阿波盆をどり」と呼ばれていた阿波踊りを観光資源として売り出そうという動きが見られた。これが阿波踊りを徳島県の観光戦略の一環として位置付ける先駆けになったという（朝日新聞徳島支局編（一九九二）一〇二頁）。
50 井口（一九九三）一二―一三頁。
51 泉（一九九一）二七六頁。
52 例えば、佐藤（二〇〇二）を参照されたい。
53 近代化という表現の意味するところはさまざまに想定できようが、ここでいう近代化とは「欧米諸国から採用した新しい技術や制度を活用して、近世日本までには存在しなかった新産業を立ち上げ、地域社会を発展させていくこと」と緩やかに意味づけしておく。
54 天野（一九八六）三二六―三三〇頁。

55　泉（一九九一）二〇頁。
56　久次米家の経営活動については、真貝（一九九〇）、泉（一九九一）九―二七頁を参照した。また久次米銀行から阿波銀行に至る経緯と阿波銀行のその後の動向については、株式会社阿波銀行編（一九六七）、阿波銀行百年史編纂委員会編（一九九七）、須藤編（二〇一二）一六〇―一六二頁を参照されたい。
57　大串家の経営活動については、泉（一九九一）一九九―二〇六頁を参照。
58　阿波国共同汽船会社については、佐藤（一九九九）を参照。
59　川真田家の経営活動については、泉（一九九一）一一三―一二五頁を参照。

参考文献

朝日新聞徳島支局編（一九九二）『阿波おどりの世界』朝日新聞社。

朝尾直弘・宇野俊一・田中琢編（二〇〇七）『最新版　日本史辞典』角川書店。

天野雅敏（一九八六）『阿波藍経済史研究―近代移行期の産業と経済発展』吉川弘文館。

阿波銀行百年史編纂委員会編（一九九七）『阿波銀行百年史』。

井口貞夫（一九九三）「吉野川沿岸に於ける藍作の衰滅が其の地方に農村経済に及ぼせる影響」（原作は一九三二年）阿波藍生産振興協会編『藍作経営に関する論文集』。

石川健次郎編著（二〇〇四）（二〇〇六）（二〇〇八）（二〇一一）（二〇一三）『ランドマーク商品の研究①～⑤―商品史からのメッセージ』同文舘出版。

石川健次郎（二〇〇四）「なぜ、商品を買うのだろうか―商品史のドア」石川編著（二〇〇四）第一章。

泉康弘（一九九一）『藍の豪商―経営戦略と盛衰』徳島新聞社。

鍛冶博之（二〇一〇）「商品史研究の成果と課題―商品学における商品史研究を参考にして」『商品研究』第五七巻第一・二号、二〇一〇年四月。

鍛冶博之（二〇一一）「商品史研究の現状と方向性」日本商品学会西日本部会大会・同志社大学人文科学研究所第五研究会共催（会場：岡山コンベンションセンター）（一一月二六日）。

鍛冶博之（二〇一五）「商品概念の変遷と特徴」『社会科学』第四四巻第四号（通巻一〇五号）（同志社大学人文科学研究所）、二〇一五年二月。

鍛冶博之（二〇一六）「近世徳島における阿波藍の普及と影響」『社会科学』第四五巻第四号（通巻一〇八号）（同志社大学人文科学研究所）、二〇一六年二月。

株式会社阿波銀行編（一九六七）『阿波銀行七十年小史』。

川人美洋子（二〇〇六）「連載〈伝統織物探訪〉阿波しじら織りつれづれ」『繊維と工業』（繊維学会）第六二巻第三号。

川人美洋子（二〇一〇）「連載〈阿波藍1〉阿波藍、その歴史と復活」『繊維と工業』（繊維学会）第六六巻第四号。

川満直樹編著（二〇一五）『商品と社会―ランドマーク商品の研究』同文舘出版。

小松島市史編纂委員会編（一九八一）『小松島市史　中巻』徳島県小松島市役所。

後藤捷一（一九六〇）「明治時代の阿波藍」『社会経済史学』第二五巻第六号、三月。

佐藤昭人（二〇〇二）「藍種を守り続けた岩田ツヤ子」日本藍染文化協会編『日本の藍―伝承と創造』日本放送出版協会。

佐藤正志（一九九九）「阿波国共同汽船会社」財団法人とくしま地域政策研究所編『四国のいのち　吉野川事典―自然・歴史・文化』農文協。

須藤茂樹編（二〇一二）『徳島県謎解き散歩』新人物往来社。

立石一（二〇〇二）『吉野川が育てた農業特産物―吉野川は阿波の金蔵』原田印刷出版。

土井良典（二〇一四）「四国の軌跡～近代化遺産を訪ねて　一六四　麻名用水（吉野川市川島町～石井町）」『徳島新聞』二〇一四年一〇月一七日号。

徳島市史編さん室編（一九八三）『徳島市史』（第三巻　産業経済編・交通通信編）。

徳島ペンクラブ編（二〇一〇）『阿波藍を尋ねて』（徳島ペンクラブ選集　別冊）徳島県教育印刷。

西池氏裕（二〇一一）「産業の変化期における技術方針に関して―明治阿波藍産業の場合」『徳島経済』（徳

島経済研究所）vol.88。

平井松午（一九九九）「北方農民の北海道移住」財団法人とくしま地域政策研究所編『四国のいのち　吉野川事典―自然・歴史・文化』農文協。

福井好行（一九七三）『徳島県の歴史』（県史シリーズ　三六）山川出版社。

富士佳輝（二〇一四）「四国の軌跡～近代化遺産を訪ねて　一六八　姉原堰（阿波市）」『徳島新聞』二〇一四年一一月一四日号。

真貝宣光（一九九〇）「阿波藍商の経営展開とその崩壊―久次米兵次郎家の場合」徳島地方史研究会創立二〇周年記念論集刊行委員会編『徳島地方史研究会創立二〇周年記念論集　阿波・歴史と民衆Ⅱ』教育出版センター。

三好昭一郎（一九九九）「奥村家」財団法人とくしま地域政策研究所編『四国のいのち　吉野川事典―自然・歴史・文化』農文協。

三好昭一郎（二〇一〇）「阿波藍から学ぶもの」『徳島ペンクラブ選集　PART28』（特集／阿波藍の魅力を探る）、徳島ペンクラブ、一二月。

三好昭一郎・高橋哲編（一九九四）『図説　徳島県の歴史』（図説　日本の歴史　三六）河出書房新社。

三好昭一郎・松本博・佐藤正志（一九九二）『徳島県の一〇〇年』（県民百年史　三六）図書印刷。

湯浅良幸（一九九四）「阿波と藍」日本藍染文化協会編『日本の藍―染織の美と伝統』日本放送出版協会。

阿波藍に関連する歴史年表（古代〜近代）

四世紀頃　日本への藍の伝来
八世紀（奈良時代）　染料としての藍の栽培開始
九世紀（平安時代）　阿波地域に藍の伝来
十五世紀（戦国時代）　日本各地で藍の需要が本格的に増加
天正一三年（一五八五年）　蜂須賀家政が阿波に入部、徳島藩主となる
慶長八年（一六〇三年）　徳川家康が征夷大将軍に就任、江戸幕府の開設（江戸時代へ）
寛永二年（一六二五年）　徳島藩の藍に関する行政を統括する役所として「藍方役所」設置
　藩による藍の本格的な生産奨励と流通統制を開始
元禄〜享保期（十七世紀後半〜十八世紀前半）　阿波地域での藍作の本格化
寛文期（一六六一年〜一六七二年）　江戸への阿波藍の販売開始
十七世紀〜十九世紀前半　阿波藍の作付面積の増加傾向と需要拡大
享保一八年（一七三三年）「藍方御用場（藍方奉行所）」の設置
宝暦四年（一七五四年）　藍商や仲買人による株仲間組織「玉師株」の設置
宝暦六年（一七五六年）　五社宮一揆（宝暦五社宮騒動）の発生
明和三年（一七六六年）　藩政改革（特に藍政改革）「明和の仕法」の実施
享和二年（一八〇二年）　関東で阿波藍を販売する藍師三六名が「関東売場株」の結成
嘉永六年（一八五三年）　ペリー来航、翌年日米和親条約の締結、インド藍の輸入へ
明治元年（一八六八年）　五箇条の御誓文（明治大正・昭和初期時代へ）
明治二年（一八六九年）　徳島藩騒擾事件（稲田騒動）の勃発
明治四年（一八七一年）　廃藩置県により各藩で展開された藍の生産統制の撤廃

明治一二年（一八七九年）　久次米銀行の設立（徳島初の銀行）
明治一五年（一八八二年）　徳島銀行の設立
明治二〇年（一八八七年）　藍商の共同出資で阿波国共同汽船株式会社の設立
明治二二年（一八八九年）　徳島市は六万人規模の大都市へ（全国第八位）
明治二七年（一八九四年）　日清戦争の勃発（～一八九六年）
明治二八年（一八九五年）　徳島電燈株式会社の設立
明治二九年（一八九六年）　徳島鉄道株式会社の設立
明治三一年（一八九八年）　徳島駅～鴨島駅間に鉄道開通（徳島初の鉄道）
明治三六年（一九〇三年）　化学染料のドイツ合成藍の輸入開始
明治三六年（一九〇三年）　作付面積が過去最高の一万五〇〇〇町に到達
明治三七年（一九〇四年）　日露戦争の勃発（～一九〇五年）
二十世紀初～中期（戦前・戦間期）　阿波藍産業の衰退加速、徳島県の近代化の進行
昭和二〇年（一九四五年）　八月一五日、太平洋戦争（一九四一年～）の終結
昭和二〇年以降（終戦後）　阿波藍の復興に向けた取組みの本格化

ワーキングメモリの現在、そして未来
―ＡＤＨＤに着目して―

一　はじめに

現代社会は、複雑化し、様々な情報が飛び交っている。インターネットの普及によって誰でも知りたいことを瞬時に知ることが出来る世の中となった。一方で、必要な情報に焦点を当て、情報を取捨選択していくことで、効率的に物事を進めることができる。人は様々な情報を得る中で、必要な情報かどうかを脳内で処理している。このとき、認知機能が重要な働きを示す。認知機能が向上することで、日常生活に多くの利益をもたらすのである。

ところで、近年、ワーキングメモリという言葉を耳にすることが多くなった。日本語では作業記憶と呼ばれる、いわゆる認知機能のひとつである。ワーキングメモリについては、様々な方面から研究がなされる一方で、未だその研究や実践への応用は発展途上段階とも言える。ワーキングメモリが障害を受けると効率的に物事をこなせないことがある。本稿では、ワーキングメモリに着目し、近年注目されることが多くなった発達障害と関連付けながらその様相を論じたい。

二　人の記憶

はじめに、記憶という概念について整理する。記憶には大きく、感覚記憶、短期記憶、長期記憶が存在する。感覚記憶は、無意識的・感覚的に記憶するものである。例えば、美術館で絵を見て「綺麗だ」と思うことなどがこれにあたる。短期記憶は、ある一時的においてストックされるもので、時間の経過とともに忘れてしまう記憶である。この一時的な記憶を使用して行動に移す際にワーキングメモリが使用される。その後、リハーサルを繰り返し、長期記憶となる。この長期記憶にはいくつかの種類があり、大きく宣言的記憶（陳述記憶）と非宣言的記憶（非陳述記憶）に大別される。前者には意味記憶やエピソード記憶、後者には手続き記憶などがある。

　このように記憶は段階的に永続的な記憶へとつながっていく。中でもより効率的かつ効果的に物事に取り組む際にはワーキングメモリの役割が大きい。それでは、ワーキングメモリについて具体的に見ていくことにしよう。

三　ワーキングメモリとは

　ワーキングメモリは、「情報の一時的な貯蔵と操作の両方に専念する脳のシステムに関連する能力」（Baddeley, 1992）である。端

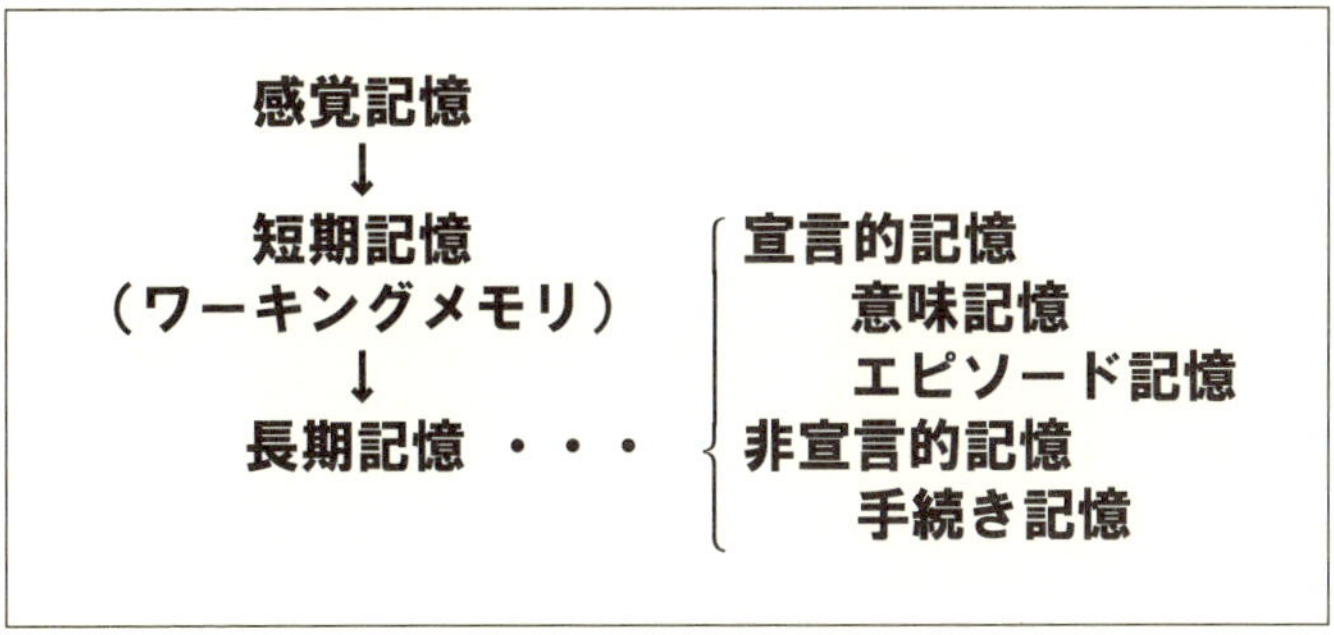

図１　記憶について

的に言えば、物事を記憶し、必要な際に使用できる力であろう。ワーキングメモリは意思決定に関与する行動と関わりがあるとされる流動性知能等と関連することが知られている（Friedman et al, 2006）。つまり、ワーキングメモリの高さが、人生の様々な場面に関わっていることが考えられる。具体的にワーキングメモリは、暗算を行うときや電話番号をプッシュするときなど、作業に関わる情報を一時的に保持しなければならない場面で使用される。

このワーキングメモリをモデル化したものがいくつかあるが、ここではイギリスのバッドリーが提唱したものを紹介する。バッドリーによると、ワーキングメモリは、音韻ループおよび視空間スケッチパッドとそれらを制御する中央実行系からなる（Baddeley et al, 1974）。音韻ループは言語情報の保持に、視空間スケッチパッドは言語化できない視空間情報の保持に関わる。なお、前者のあつかう言語情報は数・単語などを表し、後者のあつかう言語化できない視空間情報は絵や物の位置などを表す。バッドリーは、二〇〇〇年に新たなモデルを構築している（Baddeley, 2000）。すなわち、音韻ループおよび視空間スケッチパッドにエピソードバッファが加わったのである。エピソードバッファは、言語関連情報と視覚関連情報を統合することに関与する機能である。

また、ワーキングメモリは、実行機能（executive functions）のひとつであると考えられている。実行機能は、物事を考え行動に移すプロセスに関与するものとされている。この実行機能には、抑制、更新、シフトの三つの機能があるとされ（Miyake et al, 2000）、ワーキングメモリは更新の働きに関与していると考えられている。

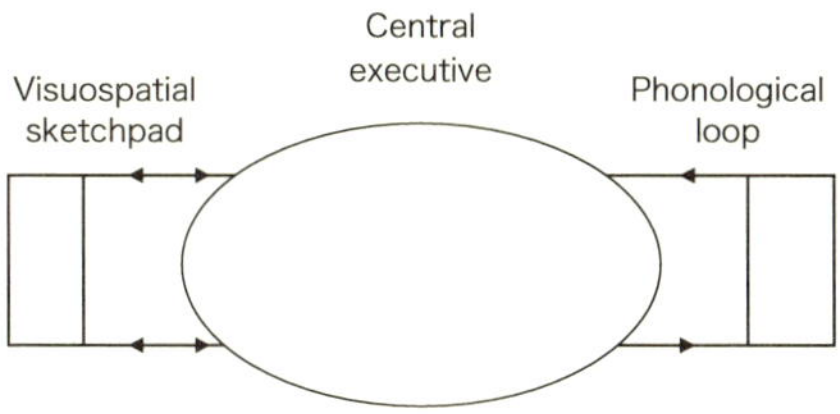

図2　Baddeley&Hitch のワーキングメモリモデル（1974）

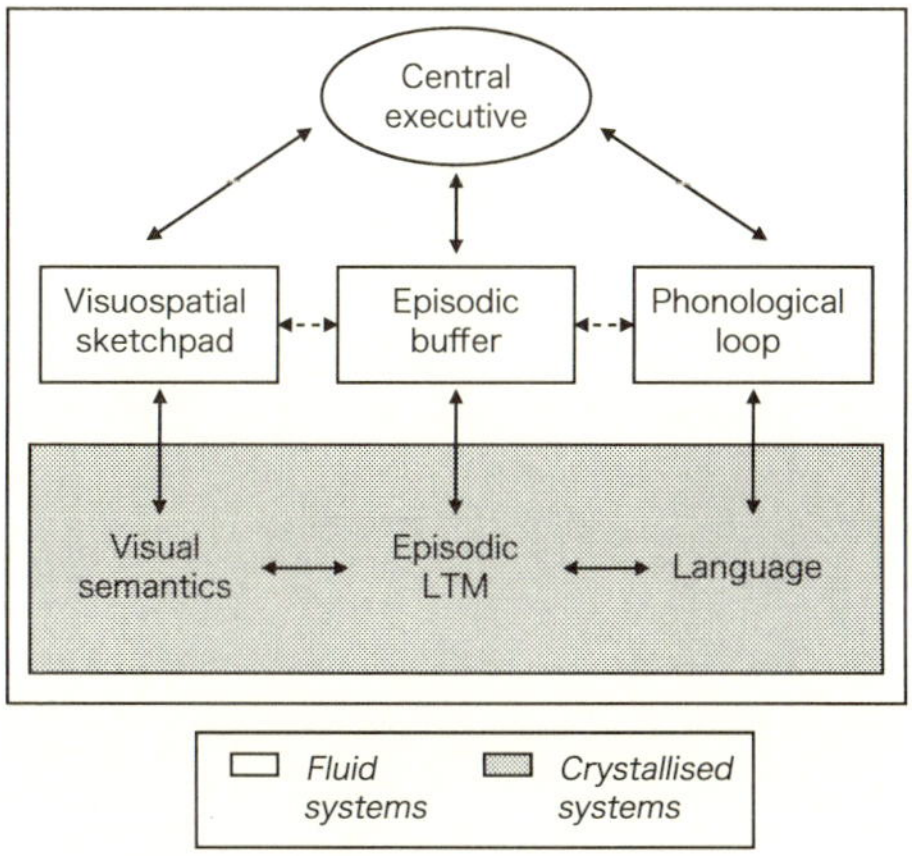

図3　Baddeley のワーキングメモリモデル（2000）

四　ワーキングメモリと発達障害

はじめに、発達障害とＡＤＨＤについて概説する。

ＡＤＨＤは、発達障害の一種である。米国精神医学会によって示されたDiagnostic and Statistical Manual of Mental Disorders（ＤＳＭ、精神疾患に関する診断と統計マニュアル）に基づく医学的診断名である。ＤＳＭ―Ⅳでは、ＡＤＨＤは『破壊的行動障害』とされていたが、ＤＳＭ―Ｖでは、『神経発達障害』として認定されることになった。また、World Health Organization（ＷＨＯ、世界保健機関）が作成した分類であるInternational Statistical Classification of Diseases and Related Health Problems（ＩＣＤ―10、疾病及び関連保健問題の国際統計分類）では「小児〈児童〉期及び青年期に通常発症する行動及び情緒の障害（F90-F98）の中にある「F90多動性障害」に含まれる。

我が国においてＡＤＨＤは、発達障害者支援法第２条において「自閉症、アスペルガー症候群その他の広汎性発達障害、学習障害、注意欠陥多動性障害その他これに類する脳機能の障害であってその症状が通常低年齢において発現するものとして政令で定めるもの」（文部科学省：発達障害者支援法）に含まれる発達障害のひとつであり、文部科学省によって「ＡＤＨＤとは、年齢あるいは発達に不釣り合いな注意力、及び／又は衝動性、多動性を特徴とする行動の障害で、社会的な活動や学業の機能に支障をきたすものである。」と定義されている。

これらＡＤＨＤの診断は、一般的に病院等において行われる。病院等では、チェックリストに記入するなどし、普段の行動状態を医師が問診し、ADHDの症状がどの程度かを鑑別していき、基本的にはDSMの診断基準によってADHDであると診断される。診断では家庭での状況や学校での様子を参考にする。また、広汎性発達障害の併存の有無や価値的・情緒面の発達、家庭環境、虐待の有無等の要因の関与に関しても評価する必要性が指摘されている（生地、二〇〇二）。

ADHDの有病率はアメリカにおいて3％～7％程度と推定されている（American Psychiatric Association, 2000）。我が国では、七～九歳の児童一一四名を対象とした調査により10・5％（Sugawara et al, 1999）、小学校一、二年生を対象とした調査では有病率は5・3％と報告されている（円城寺、二〇〇一）。これらをみると我が国のADHD有病率は、概ね海外と同様の割合であると言える。

さて、ADHDについては概ね理解できたのではないだろうか。これから先は、ADHDと脳機能およびワーキングメモリの関連に焦点を当てたい。

そもそもADHDは脳機能の障害であるが、その様相としてドーパミンの再取り込み口であるトランスポーターが健常者より70％多く存在することが報告されている（Dougherty et al, 1999）。このトランスポーターは、不要なドーパミンを細胞間から再取り込みする役割を持つ。通常は、図4の矢印のようにドーパミンは進んでいく。そして不必要になったドーパミンが図4の再取り込み口から再取り込みされるのである。ADHDでは、この働きが正常にはいかず、過剰にドーパミンの再取り込みを行うことで、ドーパミンが不足してしまう。これを改善させるため、薬物療法がなされる場合も多い。

さて、ADHDにはドーパミンの問題に合わせて前頭前野の問題がある。前頭前野が担う機能としてワーキングメモリがあげられるが、ADHDでは、このワーキングメモリに障害があるとされており（Biederman et al, 1991）、このことがADHDの行動問題に影響を与えていることが指摘されている（Castellanos et al, 2002, Doyle et al, 2005）。先行研究においては、ドーパミンの神経伝達がワーキングメモリ機能を働かせる場面において重要な役割があることが示されており（Müller et al, 1998, Sawaguchi et al, 1991, Sawaguchi et al, 1994）、ドーパミンとワーキングメモリが関連していると考えられる。

ワーキングメモリとADHDに関しては、様々な研究がこれまでに行われている。その中では、定型発達児に比べて、ADHD児は妨害刺激の影響を受けやすい（Tsujimoto et al, 2013）、誤りを

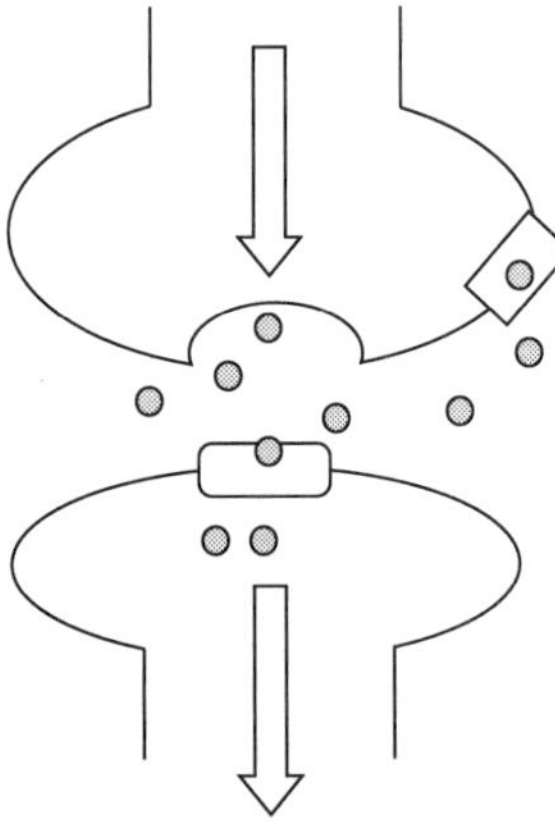

図4　ドーパミントランスポーター

指摘されても定型発達児と比べて不適切な行動を繰り返す（Sheu et al. 1992）などの特徴が示され、いずれも背景には脳機能（前頭葉）障害があることが要因とされている。

以上のように、ＡＤＨＤにおいてはワーキングメモリに障害があることで、日常生活においてうまく行動できなかったり、的確な判断ができなかったりする。もちろん、ＡＤＨＤの日常生活すべてにワーキングメモリが影響しているわけではないが、ワーキングメモリの重要性は理解できたのではないだろうか。我々の生活の中には、判断を迫られたり、場に応じた行動をとらなければならなかったりすることも少なくない。現代社会においてワーキングメモリの役割は大きいと言えよう。

五　ワーキングメモリ研究の未来

ワーキングメモリは、前述の通り、研究者らが試行錯誤し、モデルを構築してきた。現在も、ワーキングメモリを専門として数多くの研究者が、その不思議に迫っている。ＡＤＨＤのようにワーキングメモリによる障害によって社会参加が制限される場合には、その解決策を練ることが求められる。障害の有無にかかわらず、ワーキングメモリは日常生活に関与している。その仕組みにアプローチする手法は、主として実験研究、介入研究である。

しかし、そうした研究には、実験器具や認知心理学検査用具あるいは認知課題が必要となる。現状、質問紙調査形式でワーキングメモリを計測することは困難であるため、被験者がいくら集まっても実験のできるフィールドや検査用具無くして、研究を行うことは容易ではなかった。

ところが、近年、実行注意（executive attention）という言葉がよく使われるようになった。実行注意は、バッドリーが提唱した中央実行系に近い概念であるとされている（Rothbart et al, 2000）。このような実行注意の効率を表す概念で、非顕在的な反応を行うために顕在している反応を抑制する能力として、エフォートフルコントロールという概念がある（Rothbart et al, 1998）。すなわち、計画を立てたり、不適切な行動を抑制したり、向けるべきところへ注意を転換したりする能力である。このエフォートフルコントロールは、日本語版として、信頼性および妥当性が明らかとなっており（山形ら、二〇〇五）、質問紙形式で調査を行うことができる。

このように、ワーキングメモリに類似する概念を使用した研究を行い、ワーキングメモリを含む認知機能の様相を明らかにしていくことで、ＡＤＨＤなどの課題を抱える人々の生活をより良いものとすることができる。また、すべての人のより効率的で負担のない生活、すなわち日常生活におけるＱＯＬ（クオリティ・オブ・ライフ）を向上させることにもつながるであろう。

現代社会は複雑化し、より効率的かつ効果的に物事をこなすことが求められる。いつまでにどのようなことをするといった計画性を持ち、かつ周囲の不必要な情報を除去しながら、本来必要な情報に注意を向けていくことでスピーディーかつ正確に物事を進めることができる。すべての人が、そのような進め方ができるための一助として、ワーキングメモリが備わっているのではないだろうか。

参考文献は以下の通りである。

American Psychiatric Association: *Diagnostic and statistical manual of mental disorders*, 4th edn. Text revision (DSMIV-TR), American Psychiatric Association, Washington, DC, 2000

Baddeley AD, Hitch GJ: Working memory, In G Bower, *Psychology of learning and motivation* 8, 47-90, New York: Academic Press, 1974

Baddeley AD: Working memory, *Science* 255: 556-559, 1992

Baddeley AD: The episodic buffer: a new component of working memory?, *Trends in Cognitive Sciences* 4, 417- 423, 2000

Biederman J, Newcorn J, Sprich S: Comorbidity of attention deficit hyperactivity disorder with conduct, depressive, anxiety, and other disorders, *Am J Psychiatry* 148(5): 564-577, 1991

Castellanos FX, Tannock R: Neuroscience of attentiondeficit/hyperactivity disorder: the search for endo-phenotypes, *Nat Rev Neurosci* 3: 617-628, 2002

Dougherty DD, Bonab AA, Spencer TJ et al.: Dopamine transporter density in patients with attention deficit hyperactivity disorder, *Lancet* 354(9196): 2132-2133, 1999

Doyle AE, Willcutt EG, Seidman LJ, Biederman J, Chouinard V-A, Silva J, Faraone SV: Attention-deficit/hyperactivity disorder endophenotypes, *Biol Psychiatry* 57: 1324-1335, 2005

円城寺しづか、伊藤斉子、川崎千里、土田玲子、早野美根子：教師からみた児童の教育指導困難性と神経心理学的背景に関する研究、小児の精神と神経41：一五七—一六八、二〇〇一

Friedman NP, Miyake A, Corley RP, Young SE, DeFries JC, Hewitt JK: Not all executive functions are related to intelligence, *Psychological Science* 17: 172-179, 2006

生地新：ＡＤ／ＨＤの診断、精神科治療学17(1)：一五—二六、二〇〇二

Miyake, A., Friedman, N. P., Emerson, M. J., Witzki, A. H. & Howerter, A.. The unity and diversity of executive functions and their contributions to complex “frontal lobe” task: A latent variable analysis. *Cognitive Psychology* 41, 49-100. 2000

Müller U, von Cramon DY, Pollmann S: D1- versus D2-receptor modulation of visuospatial working memory in humans, *J Neurosci* 18(7): 2720-2728, 1998

Rothbart MK, Ahadi SA, Evans DE. Temperament and personality: origins and outcomes, *J Pers Soc Psychol.* 78(1): 122-35, 2000

Rothbart, MK & Bates, JE. Temperament. In W.damon(Series Ed.), N. Eisenberg (Vol.Ed.), *Handbook of child psychology. Vol3. Social, emotional, personality deveropment*. pp105-176

Sawaguchi T, Goldman-Rakic PS: D1 dopamine receptors in prefrontal cortex: involvement in working memory, *Science* 251(4996): 947-950, 1991

Sawaguchi T, Goldman-Rakic PS: The role of D1-dopamine receptor in working memory: local injections of dopamine antagonists into the prefrontal cortex of rhesus monkeys performing an oculomotor delayed-response task, *J Neurophysiol* 71(2): 515-528, 1994

Sheu KL, Douglas J: Attention Deficit Hyperactivity Disorder and frontal Robe Syndrome. *Brain and Cognition* 20, 104-124, 1992

Sugawara M, Mukai T, Kitamura T, Toda MA, Shima S, Tomoda A, Koizumi T, Watanabe K, Ando A: Psychiatric disorders among Japanese children, *J Am Acad Child Adolesc Psychiatry* 38(4): 444-452, 1999

Tsujimoto S, Yasumura A, Yamashita Y, Torii M, Kaga M, Inagaki M: Increased Prefrontal Oxygenation Relatedto Distractor-Resistant Working Memory in Children with Attention-Deficit/Hyperactivity Disorder (ADHD), *Child Psychiatry & Human Development* 44(5): 678-688, 2013

山形伸二、高橋雄介、繁桝算男、大野裕、木島伸彦：成人用エフォートフル・コントロール尺度日本語版の作成とその信頼性・妥当性の検討、パーソナリティ研究14⑴：三〇―四一、二〇〇五

〔学生に推奨したい本〕

ワーキングメモリ　思考と行為の心理学的基盤

A・バッドリー著、（翻訳）井席　龍太、齊藤　智、川崎　惠里子、誠信書房、二〇一二

脳からみた心

山鳥　重著、角川学芸出版（角川ソフィア文庫）、二〇一三

発達障害研究から考える通常学級の授業づくり―心理学、脳科学の視点による新しい教育実践

宇野　宏幸、小島　道生、井澤　信三著、金子書房、二〇一〇

ギルデッド・エイジと善悪の彼岸
──「ハドリバーグを堕落させた男」における「赦し」の構図──

はじめに

マーク・トウェイン（一八三五―一九一〇）とフリードリッヒ・ニーチェ（一八四四―一九〇〇）は九歳差で生まれて、ともに十九世紀後半の社会転換期を見とどけた。生前、両者が顔を合わせることはなかったが、お互いに相手の著作を手にしていた。ニーチェはトウェインの熱心な読者であったというが、トウェインはニーチェの著作を「読んだことがない」と書いている。

それでも、自伝の口述筆記をライフワークとしていた一九〇六年の夏、速記者のイザベル・ライアンから『ツァラトゥストラはかく語りき』（一八八五）を勧められたとき、いったんは「いまいましい、ニーチェ！」と突き返したものの、しだいにニーチェの「解釈」に傾倒し、二十日後には膝を打って「ニーチェ、万歳！」と叫んだそうである。ちょうどライアンがユダヤ―キリスト教の神を風刺するくだりをトウェインに伝えたときのことであった。

たしかに、トウェインが晩年のペシミズム期に展開した人間論は、ニーチェの思想に通じるところがある。彼は一九〇〇年頃より帝国主義批判を展開し、しだいに欧米文明批判からキリスト教道徳批判へ、そして人間批判へと思想を発展させていった。だが、結果的にトウェインの思索は、悲観的な人間機械論にとどまり、それを乗り越える「超人」のような概念には発展しなかった。

しかし、ともに近代から現代の入り口へと至る過渡期を過ごした二人の知識人が、それぞれキリスト教文明・道徳に対して深い懐疑の念を抱いていた点は面白い。トウェインの場合、その萌芽はニーチェより遅れて一九〇〇年頃に見出される。ちょうど一八九八年、トウェインがオーストリアに滞在していた時に書いた短編「ハドリバーグを堕落させた男」（以下「ハドリバーグ」、町名を指す場合は括弧外し）は、緻密なプロットによってキリスト教道徳の偽善を暴いた作品として興味深い。

本稿では、「ハドリバーグ」をトウェイン晩年のペシミズムへと至る転換期の作品と位置づけながら、思想的転回の基軸を作品内に探ってみたい。その際、この短編が内包するかずかずの対概念を重視して、とくに「名誉と恥」の対立に着目することで、トウェインが本作に込めたキリスト教道徳批判の構図を浮かび上がらせたい。

一　重層的な対立概念

「ハドリバーグを堕落させた男」は複雑な物語である。その複雑さは、ストーリーの中に編み込まれたかずかずの対立概念に起因している。たとえば、「異邦人と市民」、「個人と大衆」、「正直者と偽善者」、「理性と欲望」、「意思と誘惑」、「建て前と本音」、「金銭欲と道徳心」、「金《カネ》と名誉」、「真実と虚構」、「善と悪」などが挙げられるだろう。

先行研究も対立概念に注目してきた。グラディス・ベラミーはこの作品に「道徳主義と運命決定論」を論点として見出し、両者が相容れないままに描かれていると『批評家としてのマーク・トウェイン』（一九五〇）で批判する[1]。フランク・バルダンザは「人間と動物」、「精神と身体」それに「自由意思と決定論」という対立軸を見出して、町の人が自由な意思をもつにもかかわらず、「善良なる動機」を実践しない点に人間の悪を読みとった[2]。武藤脩二は「公と私」の対立に注目し、公会堂での騒動に「公」の極を、主人公である老夫婦、リチャーズ夫妻の内省に「私」の深化を認めた[3]。ハドリバーグの町を「堕落」させた異邦人に対する評価も、肯定と否定の対立の間で揺れてきた。ヘンリー・N・スミスは、町を堕落させた異邦人を、神意の代理者と指摘した[4]。一方で、ヘンリー・B・ルールは、町に自由をもたらす救済者として異邦人を肯定する。ルールの論に対してヘレン・E・ネベカーは、やはり異邦人を神意の代弁者と位置づけ直し、堕落させられた町は異邦人の犠牲者だと否定的に論じた[5]。

異邦人を肯定的存在と捉えるか否定的存在と捉えるかで、この作品が「回心と堕落」、ひいては「善と悪」のいずれを物語るのか、作品全体の解釈も変わってくる。このように解釈が「楽観的と悲観的」の対称をなすのも、対立概念の重層性によるところが大きい。

ところで、「ハドリバーグ」の対立概念は、「疑い」によって芽生える。たしかに「疑い」は、「ハドリバーグ」の随所にみられる。冒頭、リチャーズ夫妻の妻メアリーは、正直者が暮らす町として知られるハドリバーグで、泥棒が入らないかと疑う。異邦人がやって来ると、夫妻は四万ドルの値打ちのある言葉を疑うし、夫エドワードがグッドソンに施したという善行も疑う。老夫婦は公会堂で自らの正直さを疑い、また不正直さが暴かれないかと疑う。さらに、牧師バージェスが語る説教の真意を疑って、彼が真実を暴露したとの疑念を確信へと変える。結果、夫は孤独のうちに息をひきとる。

一連の「疑い」は、作品内の対立概念を揺さぶりながら、随所で読者に言葉の裏の意味を探らせる仕掛けにもなっている。こうして読者は、言葉の二律背反に囚われながら、ハドリバーグの町には絶対的価値が不在であることに気づかされるのである。

アルバート・B・ペインをして「英文短編小説の六指に入る傑作」と言わせしめ、デランシー・ファーガソンからは「ほぼ完璧な作品」(二七八)との称賛を受け、パスカル・コヴィチ・ジュニアによってマーク・トウェインの「もっとも重要な作品」(一八九)と認められ、エヴェレット・エマソンは「最も入念に構想が練られた物語で、極めて無駄が無く、かつ緊張感に満ちた、示唆に富む」(二二二)作品だと絶賛した「ハドリバーグ」の魅力は、その緻密なプロットにあるばかりか、複雑に入り組むかずかずの対立概念によって深められているといえる。

二 金銭欲と信仰心

数多く盛り込まれた対立概念のなかでも、先行研究が注いできた関心は、やはり「金銭欲と信仰心」に集まる。この葛藤に着目して「ハドリバーグ」を読むと、金銭欲が沸き起こる「心」(感情)と、信仰心に従おうと自制する「頭」(理性)との対立が浮かび上がる。

たしかにトウェインは、『赤道に沿って』(一八九七)で、キリスト教社会の信仰心がもはや心ではなく頭の中にあると示唆したことがあり(四八三)、この指摘を踏まえると、自分の心が理解できないと聖書の「ローマ書」の挿話さながらに苦悩するリチャーズ夫妻の葛藤は、心の内に沸き起こる金銭欲と、頭の中で形骸化した信仰心との対立に起因していると理解できるだろう。すなわち、この対立項に着目すれば、形骸化した信仰心の偽善性を暴く作品像が浮かびあがる。

ところで、「金銭欲と信仰心」の対立のルーツを探ると、マタイによる福音書にまでさかのぼることができる。新約聖書の第六章でイエスは、「だれも、ふたりの主人に兼ね仕えることはできない」(六：二四)と、富と信仰を相反する崇拝の対象として戒めている。

また、トウェインは「ハドリバーグ」を書く三年ほどまえに、アメリカ人は金《カネ》の亡者だと嘲笑したフランスの小説家ポール・ブルジェに対して、金銭欲はアメリカ人の性質ではなく人間の本性である、旧態依然としたヨーロッパ大陸には一攫千金の機会がないだけのことだ、と切り返している(*Collected Tales* 一七三)。したがって、「金銭欲と信仰心」に揺れる人間模様は、新約聖書の時代から脈づく人間一般の根源的なテーマと捉えるべきで、この作品には時代を超えた普遍性が認められるだろう。

以上、「ハドリバーグ」に描かれた対立概念を確認してきたが、本論ではこの作品の核心に「名誉と恥」の対立を見出す。この対立に着目すると、「ハドリバーグ」は形骸化した信仰心を捨てて、物質主義的な暮らしへと誘う、誘惑の物語と理解できる。そして、十九世紀の転換期アメリカ社会を風刺する作品と読み解くことができるだろう。

三　名誉欲

リチャーズ夫妻の心中において「名誉と恥」がどのように位置づけられていたのか、まずは語り手が用いた「罪」という言葉を手がかりにして考えてみたい。リチャーズ夫妻は公会堂での騒動をへて、異邦人より四万ドルの小切手を受け取る。しかし、彼らの心が安らぐことはなかった。語り手は、夫妻が抱え込んだ後ろめたさを、「罪」という言葉で表現している。

老夫婦たちは自分たちが犯した罪をあきらめるようになった。しかしこんどはその罪が発覚する恐れに直面すると、その罪は新たな、本物の恐怖となって現れるのだと、彼らは知ることになった。罪は、あらためて迫真的で重大なかたちをとるようになった。（七七―七八）

彼らが犯した「罪」の内実は明らかになっていない。たとえば、良心を欺いた罪、誘惑に負けた罪、町の人を裏切った罪、嘘をついた罪、嘘を隠した罪、などが考えられる。

だが、実のところ夫妻は罪それ自体を恐れていたわけではなかった。むしろ罪が発覚する恐れに直面したときに、夫妻は「本物の恐怖」におびえた。つまり、リチャーズ夫妻の抱える恐怖の根源は、町の人が考える理想の人物像と欲深い現実の姿、この背離にあったわけである。

夫婦らは自分たちが抱える二面性に気づいていた。公会堂での難を逃れたのち、妻のメアリーは夫のエドワードに「私たちは責められるべきなのかしら?」と問いかける。夫はただ、「我々には、我々にはどうすることもできなかったのだよ、メアリー」(七二)とあいまいに答えている。メアリーの問いかけは、自分たちに非があるのか否か、理解しかねるという口ぶりである。じつは、彼女は物語の冒頭において、町の「正直さ」が虚構だとつぎのように喝破していた。

この町の正直などというものは、私の正直とおなじように、あなたの正直とおなじように、いかにもたわいない、もろいものだと、私、信じているの。この町は卑しくて、頑固で、けちな町で、評判だけがひろがって、そのためにいい気になっている町なの。正直をのぞいたら、何のとりえもない町なのよ、本当にそうなの。(一八—一九)

体裁と内実を合致させている人間などこの町にはいない、そうメアリーは知っていたために、自分たちの「罪」の意識を疑ったのである。したがって、この老夫婦が抱え込んだ苦悩は、建て前に本音をすり合わせて、体裁をつくろわなければならないために生じたものであった。メアリーの葛藤は、町の人びとの偽善性に気づいていたが故にさらに深まった。

公会堂での騒動をへて、建て前と本音の均衡が揺らぐと、夫妻は恐怖におののく。そして、取り繕っていた体裁が崩れはじめ、自分たちの「罪」が明るみに出そうになると、夫妻の恐怖はより深刻なものとなった。つまり、彼らが最も執着していたのは、自分たちの「名誉」であったといえる。

たしかにリチャーズ夫妻の悲劇の発端は、これぞ「ロマンス」（七）とばかりに異邦人の手紙を告示して、町の名声を高めようとした名誉欲に起因していた。彼らが金《カネ》を得ようと欲を出したのも、平穏な町の状況をみて名誉が傷つく心配などないと夫婦で話し合い、確信したからである。公会堂の騒ぎの渦中、老夫婦が恐怖を感じたのは、町の人びとがつぎつぎと笑い者にされて醜態をさらしている姿を目にしたからであった。

さらに、エドワードが死に際でバージェスに着せてしまった濡れ衣も、自らの名誉を守るために捻り出した嘘と解釈できる。というのも、彼はバージェスの罪を赦すという寛大な構図を仕立て上げることで、自分たちの評判を高めて死に臨んだ、と理解できるからである。

したがって、リチャーズ夫妻が執着していたのは「金銭欲」ではなく「名誉欲」であり、名誉が失墜するときに生じる「恥」こそが、恐怖の核心であったといえる。

四　恥の恐怖

そもそも、異邦人は町の虚栄心を暴く目的で罠を仕掛けた。彼は自らの手の内をカードゲームのポーカーに喩え、ハドリバーグの町に「金銭欲と名誉欲」という「ペアカード」で挑んだと明かす。結果、リチャーズ夫妻の選択を誤解した異邦人は、この老夫婦に「ストレート・フラッシュ」で負けたと告白する。

「ストレート・フラッシュ」とは、夫妻が金銭欲に揺らぐことなく、名誉欲を貫いたことを示唆している。すると、金銭欲はハドリバーグの町の名声を失墜させるための手段で、異邦人の真の狙いは、町の人びとの虚栄心を暴き、醜態をさらさせて、彼らがもっとも恐れている「恥」をかかせる点にあったと解釈できる。

ところで、「ハドリバーグ」における「恥」について考えるとき、ルース・ベネディクトが論じた「罪と恥」の文化論は示唆に富んでいる。彼女は世界の文化を「罪の文化」と「恥の文化」に類型化し、「真の罪の文化が内面的な罪の自覚にもとづいて善行を行うのに対して、真の恥の文化は外面的強制力にもとづいて善行を行う」（二五八）と、両文化の違いを要約する。

「罪の文化」は「道徳の絶対的標準を説き、良心の啓発を頼みにする社会」（二五七）であり、例として欧米のキリスト教諸国を挙げている。他方、「恥の文化」では、悪い行いが「世人の前に露顕するか否かが重要だと指摘する。たとえば日本社会では、「他人の判断を基準にして自己の行動の方針を定める」（二五九）と分析し、「恥の文化」の価値基準は「世間」にあるものと論じる。

もちろん、ここで日米の比較文化論の視点から「ハドリバーグ」を考察するためにベネディクトの論を引いたわけではない。彼女の「罪と恥」の概念分析を踏まえて問いかけたいのは、彼女が「絶対的標準」と呼ぶ道徳の絶対性をつかさどる「神の存在」が、ハドリバーグにおいて「恥」とどのような関係にあったのか、という点である。

面白いことにメアリーは、異邦人が仕掛けた金貨によって金銭欲を刺激されたとき、神の存在を意識して、「神さま、どうぞ私たちを決して誘惑などに……」（一四）と狼狽する。だが、彼女はすぐに、「でも、それで誰かの迷惑になるというのかしら？ ……それに誰にも判るはずもないし」（一四）と開き直る。彼女の口ぶりは、町の中での評判が神の存在を凌駕する「絶対的標準」になっていることを示唆している。

この「絶対的標準」の置き換わりは、エドワードが死の床で行った告白の構図に象徴されている。その告白は、神に仕える牧師バージェスに懺悔として語られたのではなく、町の人に向けて明かされた。リチャーズ夫妻は神に赦しを乞うたのではなく、町の人びとに赦しを求めたのである。

このようにみれば、「ハドリバーグ」では、「罪」の意識よりも「恥」の恐怖が先んじており、神ではなく「世間」が「絶対的標準」をつかさどる存在となっていたことがわかる。したがって、町の人が垣間見せる形骸化した信仰心が物語るとおり、また、ハリデーが「神さまは非番」（三五）と示唆するように、ハドリバーグで神は「死んで」いるのである。町が標榜する陳腐なモットー「我を誘惑に導くなかれ」は、神への祈りの言葉ではなく、ギルデッド・エイジに浮かれる現世に向けられた、見栄と妬みの言葉であったといえるだろう。

五　赦しの構図

正直さを是とするハドリバーグであるが、作品の中で不正直がすべて悪として描かれているわけではない。町の人びとを裏切りながらも、自らの良心に従ってバージェスを助けたエドワードは、自分の行いの正しさを自覚していた。恩を受けてバージェスは、不正直であることをいとわず公会堂で老夫婦の名前を隠し、彼らの名誉を護る。また、正直でないと述懐するときに最も正直になっていたメアリーの言葉も興味深かった。彼女は町が掲げる「正直さ」を建て前だと笑い飛ばし、町の不正直さを喝破するとき、誰よりも正直な人間となっていた。さらに、町の価値観と対極の人生を歩んだグッドソンも、歯に衣着せぬもの言いで正直に生きた人間といえる。

文脈が変われば善と悪が入れ替わり、偽りを認めるときに正直の意味もすり替わる。「ハドリバーグ」の価値転倒のダイナミズムは、対立概念が複雑に入り組んでいるために生じる。さらに価値観の転倒は、ハドリバーグでは神に代わり、町の人びとが「絶対的標準」を定める主体となっていることを物語っている。

価値転倒についてピーター・メセントは、ミハエル・バフチンのカーニバレスク論を援用して、怒りや罵声、喝采などのさまざまな声が入り乱れる公会堂に祝祭的な時空間の顕然を認めているが、たしかに町の価値観は、十八人が公会堂において吊し上げられるときに崩れ去る。

「ハドリバーグ」で価値転倒の基軸となっているのは、異邦人がもたらした「きみは決して悪い人間じゃないよ、改心しなさい」(五八—五九)という言葉である。密かに町の人びとが恐れていたグッドソンから、賭博者を諭すという脈絡で異邦人に与えられたこの言葉の文脈は、二転三転とすり替わる。

もともとこの言葉は、四万ドルの値打ちのある言葉として、町の名士たちに密かに知らされた。異邦人に施した善行について身に覚えがあるならば、この言葉を書き記してバージェスに託すことになっていた。すると、公会堂で四万ドルの金貨とともに、至上の名誉が与えられるはずであった。

しかし、異邦人の罠が公になると、この言葉は一転して、町の名士たちの強欲さを示す証拠の言葉となり、公会堂で名士たちの偽善ぶりをこき下ろす掛け声として繰り返されるようになる。すなわち、言葉の文脈は、「名誉」から「恥」へとすり替わるのである。

公会堂での騒動がクライマックスを迎えるとき、バージェスが読み上げていくこの言葉を、聴衆が復唱する。そして、喝采とともに名士たちに向けて叫ばれる。このとき、奇妙なことに、「きみは決して悪い人間じゃないよ、改心しなさい」というくだりの主語「きみ」は、釣り上げられた名士たち十八人と重なり始め、やがて欲深い町の人びとを赦す文脈が浮かびあがるのである。

ここで町の名士たちに赦しを与えるのが、神に仕えるバージェスではなく世俗の野次馬連中だという点は見逃せない。「罪」を意識させる神は影をひそめて、「恥」の観念が人びとを支配していたことが改めて確認できるだろう。

さらに、公会堂で繰り返される「きみは決して悪い人間じゃないよ、改心しなさい」という一文の「改心しなさい」というくだりは、観念的な道徳主義や偽りの教条主義を放棄して、世俗的な物質主義に生きることを奨励する、誘惑の言葉としての文脈に落ち着く。

形骸化したキリスト教道徳に痛烈な皮肉を向けながら、トウェインは「ハドリバーグ」を通して、世俗との和解の構図をこのように示したのである。

結び

ところで、笑いによるカタルシスを逃してしまったリチャーズ夫妻は、「ただ一人残る象徴」（六一）となり、偽りの「正直者」という看板を背負い込まされて、その仮面の重みに苦悩する。嘘が明るみにでないかと疑う老夫婦は、猜疑心を深めて、町で孤立してしまう。いわばリチャーズ夫妻は名誉と引き換えに、町の中で異邦人となった。それゆえ、夫のエドワードは死に際で心の内を話して赦しを求めたのである。

こうしてハドリバーグは、金銭欲や名誉欲を素直にさらけ出す、本当の意味での正直な町に生まれ変わった。さながら金言でメッキされたような町の建て前は、異邦人が仕掛けたメッキ硬貨の罠によって剥がされた。むき出しになった人びとの欲望にこそ、和解を実らせる共感の地平が開けていたのである。こう考えると、「ハドリバーグ」に描かれた誘惑の真意は、メッキされた金貨にあったわけではなく、偽りの教条主義を改めて世俗的な暮らしへと誘う、「改心」を迫る赦しの言葉に集約されていたことになるだろう。

ソーシャル・ダーウィニズムを極める世知辛い世紀転換期のアメリカ社会にあって、「われを誘惑に導きたまえ」と架け改められた町のモットーに、「善悪の彼岸」へと人びとを誘う現実的なメッセージと皮肉なシニシズムの、悩ましい二律背反が託されている。

註

1　本稿は『マーク・トウェイン 研究と批評』第九号（二〇一二年、南雲堂刊）において掲載された論文「名誉か恥か：『ハドリバーグを堕落させた男』における二律背反の構図」を大幅に加筆・修正したものである。とくに誌面の都合で削らざるを得なかった先行研究の概略を復し、その脈絡をふまえながら改めて結論を論じた。こうして満足のいくかたちで再び世に問う機会を得られたことは望外の幸いである。この過程で、論旨が「名誉と恥」の対立から「赦し」へと傾斜したため、タイトルにも再考を加えた。また訳文は一部改変している。なお、本稿の加筆・修正の作業は、JSPS科研費（研究課題番号26770113）の研究にも寄与することとなった。記してお礼申し上げる。

2　グレイ・シャルンホルストは、トウェインが道徳主義と運命決定論の融和を作品内で模索したものと捉え、ミルトンの『失楽園』と呼応する点を示唆しつつ、道徳的選択に際して自由な意思を認め、決定論が超越されていると指摘した。そして同作に「幸福な堕落」を読み解いた。

自由意思に否定的な見解を示した論考としてはアール・ブライデンの論文が代表的である。彼は主にバーハンズの論を作者の意図がくみとられていないと批判して、真性な道徳性は論理的にも実践的にも学習不可能であると反論し、トウェインが人間の道徳的な訓練の不毛さを明かすために「ハドリバーグ」を描いたと論じた。ルールも作品に機械論的な人間観や決定論の影を認め、人間の内的な自由意思には否定的な立場をとるが、外的な力（異邦人）が加わることによる、改革や改心の可能性は認めている。メアリー・ラッカーは、自由は絶対的なものではないという前提に立つ。そして、リチャーズ夫妻の自己意識は限定的ではあるものの、彼らの自由の本質は意思への能力にあり、その意思は良心と同等の力であると論じている。だが、良心も意思の能力も、トウェインによれば決定論的であると付言する。

3 「個」に注目した研究で特記しておきたいのはアール・ブライデンとメアリー・プレスコットの論考で、彼らは「ハドリバーグ」を、集合的アイデンティティに取り込まれる複製的な個人像を描いた作品だと読み解いた。そのうえで、トウェインが作品に込めた意図は、各人がもつ自己のアイデンティティに対する思い違いと、個人の自由な意思が衰えている現実とを指摘する点にあるわけではなく、大衆社会で絶え間なく複製化・標準化される個人の状況を描くところにあると論じている。

4 スミスは、動機が明らかではない異邦人に、トウェイン晩年の思想に描かれる神のアウラとの共通性を認める。

5 ルールは異邦人を偽善と金銭欲に悩む「エデン（アメリカ社会）」から救った救済者とみなす。ヘレン・E・ネベカーはルールの論を受け、異邦人も大きな「秩序」の中に納まる神の手先だと読み解く。そのうえで、カルヴァン主義的な倫理観のなかで、神によって選ばれなかった人間は、偉大なる堕落者になると論じ、誘惑に抗えない町の人を、偉大なる堕落させる男の犠牲者であるとみなした。

参考文献

Baldanza, Frank. *Mark Twain: An Introduction and Interpretation.* New York: Barbes & Noble, Inc., 1961.

Benedict, Ruth. *Chrysanthemum and the Sword: Patterns of Japanese Culture.* Boston: Houghton Mifflin Company, 1946.（ルース・ベネディクト『菊と刀—日本文化の型』長谷川松治訳、社会思想社、一九六七年）。

Bellamy, Gladys Carmen. *Mark Twain as a Literary Artist.* Norman: University of Oklahoma Press, 1950.

Briden, Earl F.. "Twainian Pedagogy and the No-account Lessons of 'Hadleyburg.'" *Studies in Short Fiction* 28 (Spring 1991): 125-34.

Briden, Earl F. and Mary Prescott. "The Lie That I am I: Paradoxes of Identity in Mark Twain's 'Hadleyburg'" *Studies in Short Fiction* 21 (Fall 1984): 383-91.

Burhans, Jr. Clinton S., "The Sober Affirmation of Mark Twain's Hadleyburg." *American Literature* 34 (November 1962): 375-84.

Covici, Pascal Jr.. *Mark Twain's Humor: The Image of a World*. Dallas: Southern Methodist University Press, 1962.

Emerson, Everett. *The Authentic Mark Twain: A Literary Biography of Samuel L. Clemens.* Philadelphia: University of Pennsylvania Press, 1984.

Ferguson, Delancy. *Mark Twain: Man and Legend.* Indianapolis: The Bobbs-Merrill Company, Inc.,1943.

Hill, Hamlin, *Mark Twain: God's Fool*. New York: Harper & Row, 1973.

Keane, Patrick J.. "Mark Twain, Nietzsche, and Terrible Truths that Can Set Us Free" *Numéro Cinq,* Vol. IV, No. 5, 2013.

Messent, Peter. "Carnival in Mark Twain's 'Stirring Times in Austria' and 'The Man That Corrupted Hadleyburg'" *Studies in Short Fiction* 35 (Summer 1998): 217-32.

Nebeker, Helen E. "The Great Corrupter or Satan Rehabilitated." *Studies in Short Fiction* 8 (Fall 1971): 635-37.

Paine, Albert B. *Mark Twain: A Biography.* Vol. III. New York: Gabriel Wells., 1923.

Rucker Mary E.. "Moralism and Determinism in The Man That Corrupted Hadleyburg'" *Studies in Short Fiction* 14 (Winter 1977): 49-54.

Rule, Henry B. "The Role of Satan in 'The Man That Corrupted Hadleyburg.'" *Studies in Short Fiction* 14 (Winter 1977): 49-54.

Scharnhorst, Gary. "Paradise Revisited: Twain's 'The Man That Corrupted Hadleyburg'", *Studies in Short Fiction* 18 (Winter 1981): 59-64.

Smith, Henry Nash. *Mark Twain: The Development of a Writer.* New York: Harvard University Press, 1972.

Twain, Mark. *Autobiography of Mark Twain: The Complete and Authoritative Edition, Vol. 1.* Eds. Harriet E. Smith, et. al.. Berkeley: University of California Press, 2010.（マーク『マーク・トウェイン 完全なる自伝』和栗了、永原誠、市川博彬、山本裕子、浜本隆三訳（第１巻）柏書房、二〇一三年）。

——. *Following the Equator and Anti-imperialist Essays.* Ed. Shelly Fisher Fishkin. New York: Oxford

University Press, 1996.

——. *The Man That Corrupted Hadleyburg and Other Stories and Essays.* Ed. Shelly Fisher Fishkin. New York: Oxford University Press, 1996.(「ハドリバーグを堕落させた男」『マーク・トウェイン短編集』古沢安二郎訳、新潮文庫、一九六一年)。

——. *Mark Twain: Collected Tales, Sketches, Speeches, & Essays 1891-1910.* Ed. Louis J. Budd. New York: Literary Classics of the United States, 1992.

——. *Mark Twain-Howells Letters: The Correspondence of Samuel L. Clemens and William Dean Howells, 1872-1910.* Eds. Henry Nash Smith and William M. Gibson. Vol. 2. Cambridge: The Belknap Press of Harvard University Press, 1960.

——. Memo on March 12th, 1866. *Mark Twain's Notebooks & Journals. Vol. 1 (1853-1866).* Eds. Frederick Anderson, Michael B. Frank and Kenneth M. Sanderson. Berkeley: University of California Press, 1975. 184.

Wilson, James D., *A Reader's Guide to the Short Stories of Mark Twain.* Boston: G. K. Hall & Co., 1987.

武藤脩二「マーク・トウェインの『ハドリバーグを堕落させた男』—private, public, plan」『中央大学文学部紀要』一三九、（一九九二）：六五—七八。

「ギルデッド・エイジと善悪の彼岸：マーク・トウェインの『ハドリバーグを堕落させた男』における『赦し』の構図」論文における引用文の註について

英米文学を扱う論文の場合、和文・英文ともに引用註の付しかたは「MLAスタイル」が基本となる。すなわち、引用文付近に著者と文献名が明記されているか、出典が明らかな場合には、引用文を入れた括弧（「〜」）のすぐ後に、全角丸括弧を付して、引用ページ数を明記する。たとえば、「きみは決して悪い人間じゃないよ、改心しなさい」（五八―五九）、という具合である。

引用が複数のページにわたる場合、二桁以上のページでは、「（二二三―二二四）」もしくは、「（一二三―二四）」という具合に、至るページ数は下二桁のみ記す。例外として、聖書の内容を示すときには、「マタイによる福音書（六：二四）」とあれば、「マタイによる福音書」の六章二十四節を参照、という指示となる。なお、聖書はとくに言及がない限り、『新共同訳』が参照される。

本文中に引用文献を明記しない場合、また、同一著者による複数の著書が参考文献に記載されていて、著者名のみ本文中で言及している場合には、引用ページ数を入れた丸括弧内に書誌名を書き、全角スペースをとってページ数を記入する。また、引用文が括弧で引かれていない場合でも、参考にした文献の独自の見解を自分の論説の中で紹介するときには、必ず註をつける。たとえば、「旧態依然としたヨーロッパ大陸には一攫千金の機会がないだけのことだ、と切り替えしている（*Collected Tales*　一七三）」という具合である。

参考文献リスト内では、「著者名、『文献名』版元名、出版年。」／「著者名、「論文名」『掲載雑誌名』（号数）、版元名、（出版年）：掲載ページ数。」これらの情報を、句読点を含め、例で示した順番通りに記載する。邦語文献でも英語文献でも記載内容は基本的には同じであるが、英語文献では半角のカンマとピリオドを用いる。なお、英語文献の場合、版元の前に出版場所を記載する。

解説

一　マーク・トウェインの人生と文学

「東京ディズニーランド」の「ウエスタンランド」は、アメリカの西部「ウエスト」のイメージが投影された人気のセクションである。ここの目玉アトラクションは、なんといっても「蒸気船マーク・トウェイン号」であろう。十九世紀にミシシッピ河で活躍した外輪蒸気船を模した三階建ての白い平底船は、日本人のわれわれが見てもどこか懐かしさを覚える。「ウエスタンランド」には、同じく文豪トウェインの名作から名を借りたアトラクション「トム・ソーヤ島筏」が浮かぶ。東京ディズニーランドの一角には、トウェインが文学作品に描いた十九世紀のアメリカ西部の世界観が再現されているのである。

アメリカ人にとってマーク・トウェインという名前は、単なる作家以上の意味をもつ。たしかに、アフリカ系アメリカ人が語っていた砕けた口語を初めて紙面に再現した斬新さや、ロマン主義文学から自然主義文学への転換期に活躍したという文学史上の意義も小さくはない。しかし、彼が描いた世界観が二十一世紀の米国や日本のテーマパークで再現されている点をみれば、マーク・トウェインという人物は、時代を超えて郷愁を誘う「古き良きアメリカ」という十九世紀の文化的遺産を現代に遺した偉人であったといえるだろう。

トウェインは本名をサミュエル・ラングホーン・クレメンズという。生まれはアメリカ中西部、ミズーリ州のフロリダという小村で、トウェインが生まれた当時、フロリダ村の人口は百人であったため、自分が生まれたことで村の人口を一パーセント増やした、という自慢が、出自を語るときのトウェインお気に入りの口上であった。アメリカが西漸運動を展開していた十九世紀、トウェインはフロンティア前線の村で生まれ育ったのである。

早くに父親を亡くしたトウェインは、兄が発行していた新聞屋を助けるなかで活字と出会い、そののち植字工として腕を磨き、渡りの職人となってアメリカ各地を旅してまわる。一時期、ミシシッピ河の蒸気船の水先案内人をしたこともあったが、やはり文章を書くことから離れられず、ゴールドラッシュに沸く極西部のネヴァダやカリフォルニアで、二十代後半から精力的に地方新聞記者として書きまわり、とくに西部で耳にした「トールテール」や「ホークス」といった土着のユーモア表現を巧みに吸収していった。

一八六七年、トウェインの人生に転機が訪れる。地中海を旅する豪華客船に特派員として同行し、その道中を『赤外套外遊記』と題して本にしたところ、大好評を博したのである。これを機にトウェインは、アメリカ東部文壇の仲間入りを果たし、代表作『トム・ソーヤの冒険』や『ハックルベリー・フィンの冒険』、『アーサー王宮廷のコネチカット・ヤンキー』、や『王子と乞食』など、ヒット作を連発していく。

トウェインは作家としての名声のみならず、十九世紀の人らしく講演家や実業家、投資家など多彩な顔をもつ。講演はトウェインが得意とする分野の一つで、毎回二時間にわたっておおいに客を笑わせた。実業家としては、辞書で定評のあるウェブスター社を経営していたことで知られている。投資家としては、失敗だった。ペイジ自動植字機という機械製作に私財の大半を投じ、莫大な借金を抱え込むことになったのである。

アメリカには裸一貫で身を立てた人を「セルフ・メイド・マン」と呼び、自由の国アメリカを象徴する生き様として、社会から絶大な尊敬を集める習慣がある。十九世紀は、鉄鋼王カーネギーや鉄道王ヴァンダーヴィルト、発明王エジソンら実業界から文芸界に至るまで、セルフ・メイド・マンが大活躍した時代であった。なかでもトウェインはその代表格で、彼のバイタリティーは年をとっても衰えることはなかった。

投資事業に失敗し、膨大な借金を抱え込んだトウェインであったが、ある奇策によって借金を一年余りで完済してしまう。その策とは、世界周遊講演旅行であった。六十歳を過ぎた老体に鞭打ちながら、オーストラリア、ニュージーランド、インド、マダガスカル、南アフリカを旅してまわり、さらに道中の見聞を旅行記に書くことで借金返済の足しにした。そして晩年は、ニューヨークの郊外で自伝の口述筆記を日課としながら余生を送った。

マーク・トウェインがこの世に生を受けたのは一八三五年十一月、この年、地球にはハレー彗星が飛来していた。ふたたび彗星が地球に襲来する七十五年後の一九一〇年、トウェインは老衰でこの世を去った。トウェインは晩年に、自分はハレー彗星とともに地球にやって来た「異邦人」であると語り、彗星が再びやってくる一九一〇年に、七十五歳でこの世を去ると予言していた。結果、はたしてその通りとなった。

おもえば、つねに社会から距離をとって鋭い洞察を示す「異邦人」は、トウェインが遺したさまざまな文学作品に登場する。その代表作が、一八九〇年に発表した短編「ハドリバーグを堕落させた男」である。この話のあらすじはのちに詳述するが、虚栄心に甘んじる町に罠を仕掛けて、その偽善を突いた異邦人と、旅に軸足をおきながら、作品の執筆を通して社会の嘘を暴きたてたトウェインとは、重なりはしないだろうか。「ハドリバーグ」には、トウェイン文学のエッセンスのみならず、トウェインの生き様までもみてとることができる。

二 「ハドリバーグを堕落させた男」のあらすじ

架空の小さな田舎町ハドリバーグは、正直者が暮らす町という評判を誇りにしていた。あるとき、この町に恨みを抱いた異邦人（見知らぬ男）が、町の評判をおとしめる罠を仕掛ける。物語は、ある晩、異邦人が町の貧しい銀行員であったリチャーズ夫妻の家を訪ねる場面からはじまる。

リチャーズ夫妻の家を訪れた異邦人は、昔、すさんだ暮らしの果てに無一文になってハドリバーグを通りがかったとき、町のある人物が二十ドルを恵んでくれたこと、その人物のおかげで異邦人は心を入れ替えて、人生で成功を収めたこと、そして、ぜひ改心のきっかけを与えてくれた恩人を探し出して、お礼として四万ドルに相当する金貨を渡して欲しいこと、などを書きつづった手紙とともに、金貨を納めた箱を置いて立ち去る。

その手紙には、恩人探しは町の牧師バージェスの立会いのもと、公開で行うこと、また恩人は異邦人を改心へと導いた「ある言葉」を覚えているはずなので、その言葉をバージェスに託した人物が恩人だと判ること、正直者の町ハドリバーグでは、恩人探しは難しくないこと、など恩人探しの手順が書き添えられていた。

こうしてバージェスは然るべき日に、公会堂で「恩人」へ金貨の贈呈を行う段取りを整えたのであるが、この話を耳にしたハドリバーグの町の名士たちは、正直者の町という評判が広まる絶好の機会とばかりに狂喜した。噂は新聞を介して全国に広まり、公会堂での贈呈式には周辺の町々から観衆が詰め掛けることになる。だが、名声だけに満足することができなくなった名士たちの関心は、しだいに四万ドルの金貨を手にすることができる「ある言葉」へと向かいはじめる。

そんなおり、町の名士たちの家に、差出人不明の封書が舞い込む。その手紙には、自分は異邦人の知人で、彼の話から推察すると、あなたこそが異邦人が探している「恩人」だと判断すること、そして、もしあなたに「心当たりがあるならば」、異邦人が残した金貨を手にすることができる「ある言葉」を伝えるので、この言葉をバージェスに託すように、との指示が書かれていた。

公会堂で行われた贈呈式には、噂を聞きつけた周辺の町の住人や新聞記者がかけつけて、会場内は立ち見の見物客が出るほどの盛況ぶりであった。町の名士たちはそれぞれ神妙な面持ちで座りながらも、我こそは満場の観衆を前にしながら至上の賞賛とともに四万ドルの金貨を手にする人物であると信じて、その栄誉を待ちわびていた。

しかし、バージェスが入場し、彼に託された手紙が報告されると、事態は急変する。バージェスの手元には複数の手紙が寄せられていたのである。それぞれの手紙には、町の名士の名とともに、異邦人の知人だという人物が密かに教えた、「きみは決して悪い人間じゃないよ、改心しなさい」という言葉が書き添えられていた。

事の次第は明らかとなった。異邦人は正直者の町ハドリバーグに罠を仕掛けて、町の評判の嘘を暴こうとしたのである。名士たちに「ある言葉」を教えることで、彼らの名誉欲と金銭欲を刺激して、ありもしない善行の「心当たり」を探らせながら、町の名士たちを公会堂でさらし者にするという罠を仕組んだのであった。

公会堂で牧師バージェスは、「きみは決して悪い人間じゃないよ、改心しなさい」という言葉とともに、手紙を寄せた町の名士の名前をつぎつぎと読み上げる。彼らの偽善性が暴かれていくうちに、しだいに公会堂に集った観衆たちの気分は高揚し、やがて観衆はバージェスとともに「ある言葉」の「きみは決して悪い人間じゃないよ」という一文を大声で復唱し、場内は異様な熱気を帯びるに至った。

ところが、町の名士のうち、一名だけ名前が呼ばれない人物がいた。リチャーズ夫妻である。じつは夫妻もバージェスに「ある言葉」を記した手紙を託していた。しかし、バージェスはリチャーズ夫妻に小さな恩があったことを思い出し、野次馬たちの前で恥をかくことがないよう、公会堂では夫妻の名を伏せておき、夫妻の名誉を守ったのであった。結果、四万ドルは、「もっとも正直な人」であった夫妻のものとなった。

やがて「正直者の町」ハドリバーグでリチャーズ夫妻は、ただひとり町の名声を守り続けた正直者の象徴として祭り上げられることになる。だが、もともと他の町の名士と同じように、金貨を得るために手紙をバージェスに託していた夫妻である。彼らは良心の呵責に苦悩する。やがて、夫のリチャーズは死の床で告白を果たし、息をひきとる。そして、「正直者の町」ハドリバーグのモットー「我を誘惑から遠ざけたまえ」は、ひそかに「我を誘惑に導きたまえ」へと掛け改められたのであった。

三　マーク・トウェインの作品とその研究

文豪マーク・トウェインの作品歴は、「ジム・スマイリーと彼の跳び蛙」という短編から紹介するのが定石である。これは極西部で流行していたほら話を下地にした逸話であった。トウェインの名は、西部の小話を東部の読者に伝えることで全米に知れ渡った。

そののち彼は、まず旅行記作家としての評判を確立する。南欧から中東、エジプトまで地中海沿岸を旅して記した代表作『赤外套外遊記』、西部での若き日々をコミカルに語る『苦難を忍びて』、ありし日のミシシッピ河畔を想いながら再訪を果たす『ミシシッピ河畔の暮らし』、ドイツ、スイス、イタリアを旅した『ヨーロッパ徒歩旅行記』、そして地球一周講演旅行を記した『赤道に沿って』、以上の五作は、当時、トウェインの小説作品よりも売り上げ部数が多かった。

小説家としてのトウェインを考えると、『トム・ソーヤの冒険』や『ハックルベリー・フィンの冒険』など、少年の主人公が登場する冒険譚が代表作といえる。このほか、一九世紀の工場長が六世紀のアーサー王の時代に迷い込むという『アーサー王宮廷のコネチカット・ヤンキー』、白人と黒人の赤ちゃんが取替えられることで騒動が巻き起こる『まぬけのウィルソンとかの異形の双生児』、王子と乞食の立場が入れ替わる『王子と乞食』といった、異なる人間の立場の視点を導入することで社会や時代を相対化する作品群や、晩年には『不思議な少年四十四号』、『人間とは何か』などの哲学的な人間論を展開する論考なども執筆している。

近年、自伝作家としてのトウェイン像も注目をあびている。二〇一〇年に米国で出版された『マーク・トウェイン　完全なる自伝』は、トウェインの没後百年をへて初めて公刊された自伝で、その前評判も手伝って、たちまち八十万部を売り上げる異例の大ヒットを記録した。この自伝の出版によって、新しいトウェイン像が提示されるのではないかと期待されている。

トウェインは膨大な書簡や手記も残した。これらはトウェイン研究者にだけ意味がある資料というわけではない。農本社会から都市産業社会へと時代が転換する十九世紀後半のアメリカ社会を、同時代の視点から捉えた貴重な一次資料として、広く社会的価値のある資料といえる。

このようにみれば、マーク・トウェインという作家を知ることは、十九世紀アメリカの歴史の一端を知るに限らず、その是非はさておき、現代の世界秩序を作り上げたアメリカという国家が、近代国家へと発展していく変遷をたどることにもなるはずである。

マーク・トウェインの人生と作品を知るための入門書としては、亀井俊介著『マーク・トウェインの世界』（南雲堂）が最良である。ユーモア作家トウェインの魅力を巧みな文章で紹介しながら、作家論と作品論をわかりやすく解説している。トウェインに関わるトピックを調べるには、同じく亀井俊介編『マーク・トウェイン 文学・文化事典』（彩流社）がよい。

代表作の『ハックルベリー・フィンの冒険』については、井川真砂『いま「ハック」をどう読むか』（京都修学社）、および辻和彦『その後のハックルベリー・フィン』（渓水社）が、多方面から考察を深めるための示唆を与えてくれる。各作品論では、中垣恒太郎『マーク・トウェインと近代国家アメリカ』（音羽書房鶴見書店）が幅広く網羅している。このほか、カリフォルニア大学バークレー校の「マーク・トウェイン・ペーパーズ&プロジェクト」のホームページは、膨大な一次資料とともに、トウェインにまつわる写真なども閲覧できるようになっていて便利である。

二〇〇一年の新しい教師

（二〇〇一年、二〇一五年改題・補筆）

一　教師

現場で働く教師にとって、新しい教師というのは、新鮮味のないテーマではないだろうか。というのも、教師はこれまですでに、さまざまなところから新しくなれと要求されてきたからである。例えばそうした要求は、総合的な学習の時間の創設を含む新学習指導要領の実施段階（中学校では平成一四年度）を迎えて、研究者たちがそれぞれに案出した教師像という形をとることもあった。あるいは、援助交際やきれる子供などの若者の問題が世間で浮上するたびに現れる、各界有識者の提言や、評論家の論評、ジャーナリストの取材・報道などの形で、教師の視界に飛び込むこともあった。

こうした要求の氾濫が、職業人としての教師のプライドを大変に傷つけてきたことは間違いない。というのも、新しくなれということは、これまでの彼らの仕事振りは失格であるということを意味するようにとれるからである。そこで次のような不満が教師から現れる。

私たち、本当に精一杯やっているのよ。これ以上なにを求めるのってくらい、精一杯やっているの。新しいことが加わるたびに、「あんたたちの努力が足りないから、子どもが駄目になる」と言われているような気がする。教員の数を増やして、放課後の部活はしなくていい、自由に市立図書館に行っていい、担任の仕事をする時間も別に設定してくれる、それなら総合学習もできるでしょう。新しい審議会ができて、答申が出るたびに、「わかってないんだよねえ、現実を」って思う[1]。

本稿で述べることは、このように追い詰められた教師に、追い討ちをかける結果になるかもしれない。というのも、本稿は、次のように要約できるからである。すなわち、本稿で提起する新しい教師は、能動的ニヒリズムの教師である。そうした教師は、自分の行う教育の正当性の根拠を欠き、教育に関して決定・選択する意志の存在を否定される、ニヒリズム的状況のなかでも、あえて教育へと突き動かされる者なのである。

本稿ではこのことを、ニーチェのニヒリズムの概念を用いて論じるのであるが、まずは、現在どのような新しさが教師に要求されているのかを確認しておきたい。

二　学習指導要領

ゆとりのなかで生きる力をはぐくむ教育を目指して、平成一〇年一二月に改訂された学習指導要領のなかで、特に印象的な言葉の一つに、創意工夫、がある。例えば『中学校学習指導要領』「第１章総則　第１　教育課程編成の一般方針１」では、学校での教育活動は、生徒の生きる力の育成を目指し、各学校それぞれにおいて、「創意工夫を生かし特色ある教育活動を展開する中で」、「自ら学び自ら考える力の育成」、「基礎的・基本的な内容の確実な定着」、「個性を生かす教育の充実」に努めるべし、とある。つまり、『中学校学習指導要領』は、教師に対して、まずは創意工夫ができねばならない、と要求するのである。

さらに、『中学校学習指導要領（平成10年12月）解説―総則編―』（以下、『解説』、と略記する）では、各学校と各教師の創意工夫の重要性に触れたうえで、「特に、今回の中学校学習指導要領の改訂においては、各学校が一層創意工夫を生かし特色ある教育、特色ある学校づくりを進めることができるよう、「総合的な学習の時間」を創設する」[2]とある。『解説』が示すとおり、『中学校学習指導要領』「第1章　総則　第4　総合的な学習の時間の取り扱い1」では、各学校が、「地域や学校、生徒の実態等に応じて」、「横断的・総合的な学習」「生徒の興味・関心等に基づく学習」といった、「創意工夫を生かした教育活動を行うものとする」とあり、教師が特に（専らではないが）創意工夫を発揮する領域として、総合的な学習の時間があることになる。

創意工夫を特に発揮する場である総合的な学習の時間の具体的な姿は、「総則　第4」の「5」にある。すなわち、「自然体験やボランティア活動などの社会体験、観察・実験、見学や調査、発表や討論、ものづくりや生産活動など体験的な学習、問題解決的な学習を積極的に取り入れること」と、「グループ学習や異年齢集団による学習などの多様な学習形態、地域の人々の協力も得つつ全教師が一体となって指導に当たるなどの指導体制、地域の教材や学習環境の積極的な活用などについて工夫すること」である。「ものづくりや生産活動など体験的な学習」には、当然その分野の専門家の協力が必要となる。だから、文中に明記してある地域との協力や、学習形態・指導体制の工夫と合わせてまとめると、地理的・人脈的に学校内に収まらない地域や専門家との連携関係を構築して、学習形態・指導体制を工夫することを教師に要求していることになる。

したがって、『中学校学習指導要領』は、教師に対して、特に総合的な学習の時間において、地域や専門家とも広く連携しつつ、学習形態・指導体制の工夫を含めた創意工夫ができるようになれ、と要求しているのである。

三　研究者

(1)

研究者もそれぞれの要求をもって教師に迫っている。

例えば『教師はどう変わるべきか』が要求するのは、教師の力量が伝達力から創造力に変わることである。「これまでの知識や技能の伝達を主とする教育」で教師に求められるのは、「所与の学習内容をいかに効果的に、効率的に子どもに伝えるか」という伝える力であった。それに対して、「子どもの個性を生かし、子ども自らの力で課題解決を図っていく教育活動」では、「その子どもの個性や行動の予測に立って新しい教育活動を教師が仮説的に描き、つくらなければならない」ので、創る力・デザインする力が教師に求められる[3]。また、総合的な学習の時間で教師に必要なのは、プロデューサー的感覚であると言う。総合的な学習の時間での教師の役割は、自分が知り尽くしている内容、つまり限定された内容を子どもに伝えるものではなく、学習の流れ全体をみて柔軟に対応するプロデューサー的なものになる[4]。そこで、「学校の課題に即して子ども個々がどうすれば自己課題を持てるか、地域の人材や自然環境、社会施設はどう活用できるか、グループなどの課題追究はどのように展開するか、課題追究の成果をどのように発表させるか、などトータルとしてイメージすることが大切になる」[5]。

デザインという発想は、『成長する教師―教師学への誘い―』にも現れる。しかし、『成長する教師―教師学への誘い―』が教師に注視を促すのは、教師のもつ創造力よりも、教師が子どもとの関係に巻き込まれている状況である。それを踏まえて、教師は、授業設計から授業デザインへと思考の転換をしなければならない、と主張する。授業設計が「偶然性、あいまい性、複雑性」をもった生き物のような授業を目的に合理的にコントロールすることを目指すのに対して[6]、授業デザインは、あいまい性や複雑性を授業の本質として認めてしまう。教師は、子どもと対話し、教師や子どもの行動を方向づける物語の筋のようなシナリオを生成し、一人一人の子どもにその場その場で知が創出されるのを助け、その知の創出を自らも経験するのである[7]。

『総合的学習の研究―その思想と展望―』が教師に要求するのは、教育活動をリードする指導者から、学び手の支援者に立場を変える、謙虚さである。従来の指導が、「教育の中心に教師の論理（教える論理）を置く考え方」であるのに対して、支援は、「教育の中心に児童中心主義に象徴される児童の主体的な学びを置く考え方である」[8]。総合的学習は、もちろん、生徒を支援する教育である。しかし、それが学習課題について熟知した教師による適切な支援を意味するのであれば、総合的学習で扱う学習課題は限定的ではないので、実現不可能な教育である。だから、教師は、子どもたちと同格の知の探究者でなければならず[9]、また、子どもたちは、同僚の先生や研究者たちと研究ネットワークを構築する、共学者でなければならない[10]。したがって、「支援をめぐって、もっと教師は謙虚になる必要がある」[11]、のである。

(2)

前出の『教師はどう変わるべきか』によれば、学校教育には、「既成の文化を伝達・継承する機能」と、「子どものなかに新しい文化を創造する機能」が並存する[12]。そして、「これからの学校には後者の役割がいっそう求められるようになり、教師の役割についても子どものなかに新しい創造性を見つけだし、その成長を促す点が重視される」、と推測される[13]。現在、多くの研究者が、この推測に同意している印象がある。本稿で取り上げた概念、すなわち、創る力・デザインする力、プロデューサー、授業デザイン、支援、―これらは、教師の独善的な教育から学び手を中心にした教育への転換を押し進める流れと親和性がある。その流れは、学び手を教師と同様に重要なキャストとみなす教育活動を目指しており、そこに見られる教師への要求は、学び手を中心にした教師と学び手との動的な教育関係のなかに身を置け、とまとめられよう。

ただし、学び手中心の教育が、文化の継承の放棄という主張に達することは、それが教育である限り、ありえない。ボブ・ゴーウィンによれば、「教授は教育の営みという文脈では、人類がその中で意味を共有し合うようになる社会的な出来ごとである」[14]。したがって、「教師には生徒の把握する教材の意味が教師にとって、生徒に取り出してもらいたい意味であるようにしなければならない責任がある」。逆に言えば、「生徒には把握した意味が、教師の意図した意味であるようにしなければならない責任がある」[15]。つまり、教師の役割は、人々の意味の共有をもたらすバランスのよい教師・教材・生徒の三項関係の成立に寄与する形での、生徒との関係を視野に入れた教材研究と、教材との関係を視野に入れた生徒への教育的対応にある。

ゴーウィンの見解は示唆的である。教師と学び手の教育的関係において、教師は、どれほど自身の独善を戒める謙虚さをもっていても、学び手と同化はできない。たしかに、教師と学び手の教育的関係は、学び手の主体的な学習の支援のために築かれるべきだ。しかし、その教育的関係の舵取り役は、教師にしかできない。教師はその関係における監督であり、その関係自体が機能するように調整し続けねばならない。教師は、主役である学び手の活動の場を、主役やその他のスタッフと協議しながら整備し維持する。監督のディレクションを支えているのは、監督の人格・教養を形成した既存の文化である。つまり、学び手は、既存の文化が支える場で成長し、新しい文化を生み出すのである。教育において、新文化の創造を重視するあまり、既存の文化の伝承が無視されることなどありえない。

本章で明らかにした研究者の教師への要求は、学び手を中心にした教師と学び手の動的な教育関係に身を置け、というものであった。しかし、その要求は、既存の文化を捨てて、教師が学び手と同化することを意図してはいないのである。

四　ニヒリズム―根拠なしに生きる

新しくなれという教師への要求は、社会情勢の変化に応じて変わっていき、そのたびに、次の新しい教師像が構築される。現場の教師がそうした理想像に自分の言動を合わせていくこと、すなわち新しくなることとは、当の教師にとっては、通常業務の一つにすぎない。例えば、本稿「一」で取り上げた不満をもつ教師にしても、教師を続ける限りは、自分が作成したわけではない学習指導要領にしたがい、総合的な学習の時間をこなす新しい教師にならねばならない。つまり、新しくなれという要求は、自分自身の意志や決断とかかわりのない、すべきこと、として教師に現れるのである。そこでしばしば、そのすべきことをうまく実行する技術、例えば具体的な授業の事例や問題対処のマニュアルへと教師の関心は流れてしまう。

教師がすべきことを押し付けと感じつつそれに流されるには、それなりの理由がある。その作成に教師が参加できないことは、表層的な理由である。たとえ作成に参加できたとしても、すべきことを押し付けと感じるのが、現代社会の状況である。というのも、現代社会は、ニーチェの言うニヒリズム的な状況にあるからである。すなわち、すべきことを止当化する根拠がなく、すべきことを自分で選択・決定することもできない、という状況である。

ニーチェはニヒリズムをこう定義する。「ニヒリズムは、普通の状態である。／ニヒリズム、すなわち、目標が欠けている。つまり、「なぜ？」に対する答えが欠けている。ニヒリズムはなにを意味するのか？

—最高の諸価値が価値を下げること」(KSA 12, 350)。

こうしたニヒリズム規定から教育を見ると、破壊的な時代の本音が見えてくる。—なぜ生きる力を育成しなければならないのか。なぜいじめを苦にする子どもが自殺するのを防がねばならないのか。なぜいじめて殺してはいけないのか。なぜ子どもは死んではいけないのか。なぜ人は生きねばならないのか。—ニヒリズム的状況では、こうした問いに対する普遍的な答えはない。さらに、教師にとって都合の悪いことに、なぜ成長しなければならないのか、なぜ成長するように支援しなければならないのか、という問いに対する根本的な答えもない。つまり、教育における最高の価値の一つである成長も、価値を下げるのである。

もちろん、こうした教育の存在理由にかかわる問いに対して、事実子どもは成長しているし、その成長を支援する教育はあるべきだ、と一応は答えることができる。しかし、ニヒリズムの立場からは、こう再反論できる。—本当に子どもは成長しているのか。いじめる子がいじめなくなるという変化は、なぜ単なる変化ではなく成長なのか。それを成長と呼ぶためには、変化の前後をはかりそれぞれの価値の高低を決めるために用いる物差し、すなわち価値尺度が必要だが、そんな物差しは存在するのか。仮に存在するとしても、なぜその物差しが、ゆるやかな死への願望を高価値とする物差しよりも、よい尺度であると言えるのか。

ニーチェによれば、ニヒリズムの時代に正しい価値尺度などは存在しない。というのも、ニヒリズムとは、その正しさを根拠づける「真理が存在しないこと、つまり事物の絶対的な性質がない」(KSA

12, 351）ことを意味するからである。だから、ある価値尺度が他の価値尺度よりも正しいと言うことはできない。むしろ、ある価値尺度を正しいものとして使用することは、それを使用する側の欲望の有り様を示すにすぎない。例えば、ある人やある機関が、生きる力を育むという成長概念を持ち出すとき、そこで示されているのは、「価値-設定者の側の力の症候」（KSA 12, 352）、つまり、その人やその機関を突き動かし、そのような成長概念を選択させる力の存在であって、その力の正しさではない。

議論をここに留めるなら、学習指導要領の作成の参加者と、その学習指導要領での教育を職業として選択した者とが、自分たちで決定・選択したすべきことに押し付けを感じるとき、それは単なる怠惰であると非難することもできる。いかにその正しさに根拠がなかろうと、そのすべきことを自ら決定・選択したのであり、そのことに責任がある、と。しかし、これから述べるように、ニーチェによれば、人間に自己決定能力があることを前提にした責任概念は成立しない。というのも、すべきことの決定や選択をする決定者や選択者の意志は、決定や選択の原因ではなく、それらに随伴する事象にすぎないからである（KSA 6, 91）。

五　ニヒリズム—意志なしに生きる

ニーチェは次のように述べている。「まったくもって認識とはなんでありうるのか。—「解釈」であって「説明」ではない」(KSA 12, 104)[16]。もちろん、彼がここで述べているのは、事実を無視した恣意的な認識だけしか人間にはできない、ということではない。というのも、ニーチェの遺稿から読み取れるのは、説明される真理や事実といった対象も、さらには、説明・解釈をする主観・主体も、ともに解釈という活動によって生じるという事態だからである。

「「事物」の発生は、まったく表象する、思考する、欲する、発明するものの仕事である。［中略］──「主観」さえも、すべての他のものと同様に、そうした出来事、「事物」である。つまり、そのように設定し、発明し、思考する力を、とりわけ個別的な設定するもの、発明するもの、思考するものから区別して表すための、単純化である」(KSA 12, 141)。この文言に明らかなように、主観を含めた事物、つまり存在するものは、単純化の活動によって作られたものである。その活動に対してニーチェがしばしば振り当てる言葉が、解釈[17]、である。「すべての出来事の解釈的な特徴。／出来事そのものなどは存在しない。生じるものは、解釈するあるものによって選抜され統合された、諸現象からなる一つの集団である(KSA 12, 38)」。つまり、ニーチェは、存在するものをすべて出来事としてとらえ直し、その出来事に解釈的な介入があると想定しているのである。

問題は、彼の表現が、介入者としての主観・主体の存在を前提しているように聞こえることである。というのも、彼は、存在するものの創造を偽造的な過程としているので、そうした主観・主体を想定することは、自らその偽造的な過程に参加することになるからである。「結果を原因に遡源することは、つまり主体に遡ることである。すべての変化は、主体によって出現したものとみなされる」

（KSA 12, 19）。これと同じことを別の箇所では、稲妻が光る、という例を用いて述べている（KSA 12, 103f.）。ニーチェによれば、変化そのものを原因とみなせないわれわれは、光るという作用の原因を探して、稲妻という作用者を創造してしまうのである。このニーチェの表現が誤解を呼ぶのは、光るという作用の生じる場であり、かつ稲妻という存在するものを創造する、主観・主体として、われわれ、を想定するところにある。

しかし、主観性に世界を還元する議論構成を、ニーチェ自身が覆す。「「そもそも誰が解釈するのか」と尋ねてはならない。解釈することそのものは、力への意志の一つの形として、情動として、そこにある（しかし、「存在」としてではなく、過程、生成として）」（KSA 12, 140）。このように、力への意志という概念と組み合わせることによって、解釈主体の問題は解消してしまう。というのも、解釈行為は、力への意志として把握される生成の一種であり、そもそも主客という分析図式そのものが、解釈という生成の産物だからである。「「原因と結果」　解釈として／「主観と客観」　解釈として／（事実関係としてではなく）すべて力への意志の意味において」（KSA 12, 139）。解釈の主体に関する問い自体が、解釈によって成り立つのであるから、この問いは倒錯している。したがって、そもそも誰が解釈するのか、と尋ねてはならないのである。

六　能動的ニヒリズム

これまで見たニーチェの議論が示唆するのは、現代の教師が陥っている難しい状況である。第一に、目指すべき理想的教師像が各方面からさまざまな要求として提示されているけれど、どの教師像にも自身の正当性を保証する普遍的な根拠が欠けている。第二に、教師は職務を遂行するためになんらかの教師像を選択するけれど、その選択は、本人がいかに自分の意志でしたと実感していても、意志とはかかわりなく決定されている[18]。

こうした現代のニヒリズム的な特徴、「それは両義的である」（KSA 12, 350）。ニーチェによれば、こうしたニヒリズムへの反応によって、人間は次の二種類に分類できる（KSA 12, 350f.）。すなわち、能動的ニヒリズムになる者と受動的ニヒリズムになる者である。能動的ニヒリズムは、強さを表す記号であって、それをもつ人間の精神の力は、既存の諸目標が彼にふさわしくなくなるほどまでに増大していく。それに対して、受動的ニヒリズムは、弱さの記号であって、それをもつ人間の精神の力は、既存の諸目標や諸価値にその人間がふさわしくなくなりそれらをもはや信じられなくなるほどまでに、疲れ果て、消尽し尽くされる。

教師も同様に分類されうる。例えばある教師が、教育制度に押し付けられる教育活動を、したいわけではないがこなして行くしかないと思うなら、この教師は、その教育制度内で稼働中の教育的価値への信仰を失った、受動的なニヒリズムの教師である。対して、能動的なニヒリズムの教師は、前述の二つの困難にもかかわらず、なんらかの教師像に自分を同化することに突き動かされる者である。この教師は、教師像の含むなんらかの目標へ向けて教育することに突き動かされ、その教育への衝動の高まりは、既存の教師像に飽き足らず、新しい教師像を自ら構築するまでに激しくなることもある。こうした能動的なニヒリズムの教師は[19]、新しい教師像を生み出す源泉であるという意味で、ニヒリズム時代の新しい教師である。

この新しい教師は、自らの教育活動の無根拠さと選択・決定の不可能性にもかかわらず、教育へと突き動かされるがために教育する。だから、その突き動かしが背負う教育活動全般についての責任を、その突き動かしとともに担うことになる。そうした責任のなかには、もちろん教育の失敗に関する責任もあるけれど、教育の成功に対する責任もある。というのも、能動的なニヒリズムの教師は、成功と失敗を区分する価値尺度を自分で勝手に（理性的な理由なしに）設定し、その設定に学び手を巻き込むのだから。

七　おわりに

本稿の議論をまとめてみよう。

本稿では、まず現在教師に突きつけられている新しくなれという要求の内容を二つ確認した。一つは、地域や専門家とも連携しつつ、学習形態・指導体制の工夫を含めた創意工夫ができるようになれ、という要求である。もう一つは、学び手を中心にした教師と学び手の動的な教育関係のなかに身を置け（ただし、既存の文化を捨てて、学び手と同化はしない）、という要求である。次に、本稿では、新しくなれという要求が押し付けと教師に感じられる背景に、ニーチェの言うニヒリズム的な状況があることを指摘し、ニヒリズム的状況での教育には、次の二つの困難があることを明らかにした。すなわち、第一に、さまざまな理想的教師像が提示されるけれど、どの教師像にも自身の正当性を保証する普遍的な根拠が欠けている、という困難、第二に、教師は職務を遂行するためになんらかの教師像を選択するけれど、その選択は、本人の意志とはかかわりなく決定されてしまう、という困難、の二つである。

本稿で新しい教師として提起するのは、こうしたニヒリズム的な状況でもあえて教育へと突き動かされ、ときには新たな理想的教師像を創造できる、能動的ニヒリズムの教師である。

註

ニーチェのテクストは次のものを用いた。

Friedrich Nietzsche, *Sämtliche Werke Kritische Studienausgabe* in 15 Bänden, hrsg. von Giorgio Colli und Mazzino Montinari, dtv/de Gruyter, Berlin/New York, 1988.

ニーチェのテクストからの引用参照は、これを、KSA、と略し、その後ろに巻数を付記する。

1　森口秀志編、『教師』、晶文社、一九九九年、七三頁と次頁。

2 文部科学省、『中学校学習指導要領(平成10年12月)解説―総則編―』、財務省印刷局、平成一一年、一五頁。
3 高階玲治編、『教師はどう変わるべきか』(〃診断と対策〃新教育課程下の学校経営№4)、教育開発研究所、平成一二年、二六頁。
4 同上、四五―四七頁。
5 同上、四六頁。
6 浅田匠・生田孝至・藤岡完治編、『成長する教師―教師学への誘い―』、金子書房、一九九八年、一〇頁。
7 同上、一二頁。
8 山根耕平著、『総合的学習の研究―その思想と展望―』、ナカニシヤ出版、二〇〇一年、八二頁。
9 同上、八四頁。
10 同上、八五頁。
11 同上。
12 前掲書、高階、三五頁。
13 同上。
14 ボブ・ゴーウィン著、竹内巧・佐野安仁監訳、『エデュケイティング』、晃洋書房、二〇〇〇年、五〇頁。
15 同上、五一頁。
16 すでに早い段階から透明な主観による純粋な認識などありえない、とニーチェは主張していた(KSA 2, 417ff.)。
17 Auslegung, Ausdeutung, Interpretation 等、同義語のニュアンスの違いは、本稿の議論では無視できる。
18 というのも、そうした思い込みをする主観・主体は、教師像の選択という事象の原因ではなく、むしろその選択とともに解釈によって出来するものだからである。

19 永遠回帰思想を教えることに突き動かされるツァラトゥストラとしてニーチェが造形したような教師のことである。

自己完成と進化の成長理念への綜合―ニーチェの生概念を導きにして―

（二〇〇四年、二〇一五年補筆）

はじめに

本稿執筆の動機は次の二点である。第一に、ニーチェの「ニヒリズム」論（12, 9［35］: 9［44］: 13, 11［119］）が現状分析として現在でも有効であるときに可能な、「成長」の意味への興味である。というのも、ニヒリズムにおいては、どんな目標も無根拠なはずであり、教育による学び手のどんな変化も、「良い」方向への変化としての成長とは言えないはずだからである。第二に、ニヒリズム時代に適合する成長の意味は、ニヒリズムをよく知るはずのニーチェ本人の哲学から得られるという推測である。したがって本稿は、ニーチェに内在的な研究でなければならない。

本稿の目的は、ニーチェ哲学に内在的な成長理念を、初期ニーチェの成長概念と後期ニーチェの成長概念の綜合によって構築することである[1]。そのために、本稿では、以下のように論じる。一、後期ニーチェ思想の生概念を成長概念として解明する。二、初期ニーチェの教育観に天才への自己完成としての成長概念を見出す。三、後期ニーチェの教育観を、自己、超人、誘惑者を中心に解明する。四、自己拡大としての〈生＝成長〉概念の枠内で、天才への自己完成と超人への進化を成長理念に綜合する。

一　〈生＝成長〉概念

ニーチェの行う諸議論から析出できる成長概念は、基本的には彼の生概念そのものである。というのも、ニーチェにとって生は、根本的に他のものを搾取し根絶させることで自己を拡大し、その拡大にあたっての副次的結果として自己保存するものだからである（JGB, 13, 259: GM, II, 11）。つまりそうした自己拡大が生であるから、その拡大を一種の成長とみなすことができる。しかし以下の点には注意が必要である。

第一に、ニーチェの〈生＝成長〉概念は基本的に存在論的な概念である。この生概念の適応範囲は生物に留まらずに、機械的・物質的な世界にまで及ぶ（JGB, 36）。またニーチェは、社会団体に関してもその生を問題とする（JGB, 259）。したがって、ニーチェにとって自己拡大としての生論、成長論は、教育論である前にあらゆる諸事物の在り様の把握という意味での存在論である。

第二に、「自己」拡大という言い方は自己保存との差異を示すための便宜的な命名であり、実の所、拡大していく主語的で固体的な一つのものとしての自己は、存在しない。ニーチェに従えば、物質も魂も分割不可能なアトムで構成されるのではないし（JGB, 12）、「私は考える」という表現における「私」は文法的な習慣によって創出されるにすぎない（JGB, 17）。むしろ、ニーチェにとって「自己」が意味するものは、反目し抗争する「多様な起源の遺産」や「諸衝動と諸価値基準」の集合（JGB, 200）、すなわち、動的な複数の要素の集合である。しかも、集合の諸要素それぞれがアトムではないので（つまり分割可能なので）、無限の諸要素の集合である。「自己」とか「私」は、こうした集合を示す名前にすぎない。

第三に、自己「拡大」が意味するのは、自己という集合体に含まれる遠近法的視点の増大と、そう

表1

〈生＝成長〉概念	生（成長）は、自己拡大である。しかもこの「自己」は、無限に分割可能な動的諸要素で構成される集合である。それの「拡大」が意味するのは、諸要素が自己の存立のために行う遠近法的価値付けの視点の増加と、次の増加に向けての諸要素の遠近法的視点の統制である。

した複数の遠近法的視点の、次の拡大に向けての統制である。ニーチェによれば、生は「遠近法的な評価」を行うことで存立し（JGB, 34）、また前述のように生とは存在論的概念であるから、あらゆる事物が価値づけつつ存立する。それゆえ自己が他のものを「横取り」する自己拡大は（JGB, 259）、遠近法的視点の増加であり、しかも、自己拡大にゴールはないので、生は次の「横取り」に向けて自己の遠近法的視点を整えねばならない。したがって、ニーチェが例えば「偉大さ」を、「広範囲性と多様性」や「多数の全体性」と規定するのは（JGB, 212）、それらによって、生の活動の順調さが、すなわち、遠近法的視点の増加と次なる増加への準備の順調さが示されるからである。

こうしたニーチェの〈生＝成長〉概念は「表1」のように要約できる。こうした存在論的な成長概念は具体的な教育像につながりにくい。そこで次に、明示的な教育への言及の多い初期ニーチェとニーチェ本来の哲学が展開される後期ニーチェからそれぞれの教育観を取り出し、それらに成長概念を見出したい。

二　初期ニーチェの教育観

初期ニーチェの教育観は、近代ドイツ国家成立期の文化に対する彼の批判の枠内にある。ニーチェにとって普仏戦争でのドイツ諸侯の勝利は、人々が誤解しているようなドイツ文化のフランス文化に対する勝利ではなく、むしろ、戦争の結果誕生するドイツ帝国によるドイツ精神の根絶という危機の始まりである（UB I, 1）。ニーチェによれば、そもそもドイツには、民族の生の統一的な様式である文化そのものが存在しないのに、時代の寵児である「教養俗物」（UB I, 2）たちは、学校や美術館などの公的施設を通じて他の諸文化の形式や産物の知識を体系的に獲得し、それによって本物の文化を獲得したと信じ込んでいる（UB I, 2）。ニーチェにとって近代ドイツは、その公的制度においても大衆レベルにおいても「偽文化」（ZB, Vortrag Ⅲ）であり、ニーチェはこの偽文化で遂行される教育を、金儲けのうまい者（ZB, Vortrag Ⅰ）と、国家に役立つ者（ZB, Vortrag Ⅲ, Ⅳ）を育成する手段であると非難する。

対して、初期ニーチェにおける正当な教育の目標は、「天才」の創出である（UBⅢ, 3）[2]。ニーチェによれば、この高次の範例的人物の創出に人類全体が従事すべきである（UBⅢ, 6）。というのも、この生の最高の果実が実ることで、人類全体の生が正当化されるからである（UBⅢ, 3）。したがってニーチェは、文化の目標であるべき天才の創出に寄与せず（UBⅢ, 3）、反抗的な孤独者や志の高い者を追放する、現行の教育制度に対抗して、真の文化に属する少数者のための抵抗が必要であると考える（UB

Ⅲ, 5, 6: ZB, Vortrag Ⅳ)。しかし、そうした抵抗の手段として、ニーチェは、公的制度に対峙する学校組織などの「堅固な城壁」の構築を求めない(UBⅢ, 6: ZB, Vortrag Ⅳ)。ニーチェによれば、安逸な生活を約束する偽文化の魅惑的な声は強力である(UBⅢ, 6)。だから、おそらく彼は、真の文化に属する少数者も切り崩され、対抗組織は成り立たないとみるのであろう。

結局、初期ニーチェが真の文化のために選択した教育は、学び手自身が自分自身に対して行う自己教育である。ニーチェによれば、この自己教育は一見自己破壊にみえる。というのも、この教育によって偽文化に由来する「本来的にはその人自身でないもの」「即時代的なもの」が本来の自分から剥ぎ取られるからである(UBⅢ, 3)。ニーチェは人々に、こう呼びかける良心に従うべきだと要請する。すなわち、「汝自身であれ! 汝が今為し考え熱望するすべては汝ではない」、と(UBⅢ, 1)。つまりニーチェの提起する自己教育は、学び手が自分の良心の声に耳を傾け、ドイツ帝国に由来するガラクタを自己のなかから追い出すことであり、したがって、成長とは、内在的な本来的自己への自己完成、学び手の内部に埋もれた天才の顕在化である。

この教育は自己教育なので、基本的に学び手自身が教師である。しかし既存の天才たちの像も、いわば触媒として役に立つ。例えば初期ニーチェで理想視されているショーペンハウアーは、ニーチェによると、ゲーテに天才を観るという幸福を有した(UBⅢ, 7)。このように、ある天才の自己完成に際して、別の天才は刺激を与えるけれど、それ以外の仕方で他人がこの自己教育を支援することはできないのである。

三　後期ニーチェの教育観

(1) 自己

初期ニーチェの自己教育としての教育観は、後期ニーチェ哲学においては保持しがたい。というのも、第一に、学び手の自らに対する自らの意識的な働きかけによる成長を、後期ニーチェ哲学の自己概念は許容しないからである。

自伝形式の『この人を見よ』でニーチェが描出するのは、意識的な努力の無効性と個人に内在的な本来的自己の存在の否定である。ニーチェによれば、そもそも「その人であるところのもの」がなにかをまったく予感しないことが、その本来的自己になる前提である（EH, klug, 9）。意識は、表面的なものである。学び手が意識的に把握する自身の目標やその目標に向かう努力、意識的目標からの逸脱や誤った選択は、学び手の本来的自己への変貌には関係がない（EH, klug, 9）。本来的自己はどこかで自立的に自分を準備し、突然成熟した姿で意識的自己に出現する。つまり、学び手は自分がすでに本来的自己になったことに、そうなってしまってから事後的に気づく（EH, klug, 9）。

だから、この人物は、どんなことについても、その獲得のために努力しない。ニーチェはこう述べる。「私の記憶のなかにはかつて私が苦心したということが欠けており、［中略］、求めて努力するということの跡が私の人生にあることは証明できない」（EH, klug, 9）。自由意志説を宗教的な策略として拒絶するニーチェにとって（GD, Irrthümer, 7）、大学への就職といった実生活上の出来事さえも、運命的な必然性をもって彼に到来するものである（EH, klug, 9）。ニーチェが「運命愛」と呼ぶ人間の偉大さを示す形式が意味するのは、そうした必然的な到来を、ただ耐えるのではなく、愛することである（EH, klug, 10）。だから、本来的自己も、学び手が意識的に獲得する対象ではなく、それが意識的自己に生じたときに愛すべき対象なのである。

後期ニーチェ哲学では、初期ニーチェの教育批判が、次の二点で教育否定にまで徹底している。第一に、初期ニーチェにおいて唯一正当な教育であった自己教育は不可能となった。ある人が本来的自己になる変化は、その人本人にも関与できない自立的なある種の自然過程である。したがって、もはや、自分自身も含めた近代ドイツの全事物は、本来的自己に触れることができない。第二に、本来的な自己は、初期ニーチェの天才のような個人の内在的本質ではなくなり、それゆえ後期ニーチェ哲学では、本来的な自己への変化を、自己完成と呼ぶことはできなくなった。というのも、「インスピレーション」や「啓示」を重視するニーチェは（EH, z, 3）、いわば穴だらけの粘土細工としての自己を描写しており、あらゆる出来事が自己に飛び込み自己の全体像を変化させるうえに、突然意識的自己に到来した本来的自己を、最後的に到来した本来的自己であると断定できないからである。

狂気に陥る直前のニーチェの行為、すなわち、手紙に仏陀やアレクサンダー、ボルテール等と複数の署名をした彼の行為は[3]、彼の構築した自己像に忠実である。晩年のニーチェの描出する自己は、複数の人物に変化するほど極端に可塑的である。その変化を変化する本人にも操作できない。初期思想のような天才の顕在化という自己の完成形もない。つまり、自己は、次々と本質が変わる、終わりのない自然的な変化の過程である。この変化の過程に、教育が介入する余地は見いだせない。後期ニーチェの教育観は、基本的に教育否定的なのである。

(2) 超人

初期ニーチェの自己教育としての教育観が後期ニーチェ哲学において保持しがたい第二の理由は、後期の本来的なニーチェ哲学の提起する理想的な存在が、自己に内在的な天才ではなく、あらゆる人間的なものを超えた「超人」である点にある。

ニーチェの創出した人物ツァラトゥストラはこう語る。すなわち、超人は人間を超えた存在であり、人間が猿を見て笑い恥じるように、超人は人間を見て笑い恥じる（Za, Vorrede 3）。超人は大地の意義であり、人々は大地に、すなわち生に忠実であるべきだ（Za, Vorrede 3）。人間の偉大さは、人間が動物から超人に至る過程であるところにあり、超人の誕生のために没落するところにある（Za, Vorrede 4）、と。超人が人類に取って代わる生物であることをニーチェは否定するけれど（AC, 3）、間違いなく人間にとって超人は、天才よりも遠くにある、あらゆる人間的なものを超えた目標である。

初期よりも遠目の効く後期のニーチェにとって、課題はドイツ帝国の偽文化からの天才の救済といった些事ではなく、「真の世界」を中心にしたプラトン以来の世界把握を撤廃し、プラトニズムの浸透した現在の人類には把握できない新世界を開始することである（GD, Fabel）。十九世紀後半のヨーロッパの文化混交状況（JGB, 208）や到来するニヒリズムの顕現（13, 11 [119]）という現代の危機は、ニーチェがプラトン以来のヨーロッパ精神史を射程に収める限り、二千数百年にわたる歴史的問題の一部にすぎない。ロマン主義的な概念「天才」では、この歴史的問題に対する対応として不足である。したがって、ニーチェは、人間そのものを克服した「超人」を提起しなければならなかった。

とはいえ、超人をあまりにも人間からかけ離れた位置に置いたために、人間ニーチェはそれを経験的にも概念的にも規定できない。彼にできることは、これまでのヨーロッパ人とはまったく異なる存在が人間のなかから生まれる可能性を示すことであり、したがって、本節「(1)」で論じたような、きわめて可塑性の高い自己像が、ニーチェの議論構成上必要とされる。というのも、不動の自己や固定した内在的本質をもつ自己では何者にも変化できないけれど、可塑的な自己ならば超人に変貌できるかもしれないからである。もちろん、その可塑性が高まれば高まるほど、その変貌の機会は増えるであろう。

この超人への変貌は、これまでのヨーロッパ人とはきわめて異なる存在になるという意味で、超人への進化である。実際、超人を提起する時期のニーチェの議論には、ある種の進化論的傾向が顕著である。例えば、ニーチェは、低次の有機体から高次のものへと教育する実験によってダーウィンの主張を検証しようと呼びかけるし（9, 11［177］）、木の栽培技術を人間に適応すべきだと主張する（9, 11［276］）。人間を超人に進化させる直接的な実験をニーチェは提起しなかったが、「超人」という名称に、ヨーロッパ精神史における突然変異へのニーチェの期待が読み取れる。

(3) 誘惑者

ニーチェの描出する「誘惑者（Versucher）」（JGB, 42）は、人間が超人に進化する可能性を確保する人物像である。

ニーチェによると、誘惑者、あるいは「未来の哲学者」は謎めいた存在であり、自らを謎解きさせようと人々を誘うが、同時に謎のままで留まろうともする（JGB, 42）。つまり未来の哲学者は、解きることのできない迷宮的な謎として人々を誘い続ける。

誘惑者は、ピヒトのその分析と合わせて[4]、もっと注目されるべきである。というのも、第一にこの人物像は、後期ニーチェ哲学に適合する教師像を示唆するからである。初期ニーチェの天才の自己教育において教師に値する存在は、学び手自身と学び手に刺激を与える他の天才たちであった。しかし目標が人間を超えた超人への進化となれば、人間にできることは、人間に到来するかどうかわからない超人への進化のときに向けて、自己を開放して待つことくらいであろう。自己の可塑性の増大は、その自己開放のやり方の一つである。後期ニーチェ哲学が素描するのは、この可塑性の高められた自己、なにかの突然の到来に常に開かれている自己であった。誘惑者がこうした自己の教師であるのは、自らも多様に解釈可能な謎であることから、可塑性の高い自己の範例である点においてであり、また、人々を正解のない謎の言い当てに没頭させてもどかしい不安定な状態に誘い込む「悪魔（Versucher）」である点においてである。そして実際、この謎として人々を誘う誘惑者の性格を、ニーチェは「永遠回帰の教師」（Z, Genesende, 2）であるツァラトゥストラという、他の劇中人物たちにとって謎めいている人物の形成に投影している。

誘惑者が注目されるべき第二の理由は、この概念が真理に関する常識的な考え方の変更を迫るからである。一般に真理は、正しい知識、正しい情報などとみなされるか、あるいは、あるべき状態、するべき行為などとみなされている。しかし、プラトン以来の「真の世界」を放棄して新たな歴史段階に進もうとするニーチェにとって（GD, Fabel）、真の世界の超越的な実在への対応に裏付けられた「正しさ」や「当為」には根拠がない。ニーチェによると、真理は「そこにあるはずのもの、見出され、発見されるはずのもの」ではなく、固定的なもの、持続的なもの、存在的なものに変えようと意志されることで、「創造されるもの」、「ある過程の名称」である（12, 9［91］）。

例えば、彼が『ツァラトゥストラ』で提起した「永遠回帰」思想のように、確定的な規定を求められながらも常にまだそれが得られていない謎解きの対象として、登場人物たちを誘惑するものこそが、常に解釈によって創造される過程にあるものとしての、真理である。つまり、真理も、誘惑者なのである。したがって、真理を教えることを教育だとすれば、教育は、教師が自分にはわかっている正しい知識やあるべき状態を学び手に伝達する行為ではなく、学び手を謎に誘い込むこと、すなわち、未来の哲学者やツァラトゥストラのような謎めいた教師、あるいは永遠回帰のような謎としての真理、に誘い込むことである。

こうした誘惑による教育において、学び手は、永遠回帰と対決して変貌するツァラトゥストラのように、誘惑されながら変化する。その変化は、超人へ続く道かもしれない。

(4) 文化伝承への参加

誘惑による教育における学びは謎解きであり、それはニーチェにとっては超人への進化の可能性の確保という目的をもつが、学び手本人にとっては目的のない行為である。学び手は調べ学習のようになんらかの情報を主体的に探すのではなく、たんに謎に惹かれてそれを解こうと熱中するにすぎない。このように誘惑によって結びついた知と学び手の関係が、教育の名に値するのかと疑われるかもしれない。というのも、この学び手の熱中は、内在的な本質の顕在化のような教育目標をもたないので、興味本位にただ遊ぶ者の熱中と似ているからである。しかし、ニーチェが提示するこの誘惑的な関係は、文化の伝承という人間の歴史的な営為の一つの描写であり、この関係に学び手を没入させることは、学び手を、文化伝承に参加する真の文化人にするという点で、教育的である。

カッシーラーによれば、人間の文化が創出する〈作品〉は、風雪に晒されて朽ちる物質的な側面だけではなく、精神的な側面をもつ[5]。そのために〈作品〉は、その精神的側面がその受け手とうまく感応するときには、物質的外皮を脱ぎ捨てて新しく作用する[6]。すなわち、カッシーラーはこう述べる。「それ［作品］がそこから生じた創出的な意志と創出的な力は、それ［作品］のなかで生き続けて作用し続ける。そしてその意志と力は、常に新しい創出へとさらに続いていく」[7]。

『ツァラトゥストラ』における永遠回帰という謎めいた思想は、登場人物ツァラトゥストラを誘惑してなんらかの結論や行動の創出に向かわせる点で、創造力を享受者に伝える〈作品〉の特徴をもつ。永遠回帰は、『ツァラトゥストラ』において、その概念規定ではなく、それが引き起こす登場人物たちへの効果ばかりが描出されている8。永遠回帰は、〈作品〉として哲学思想が存在することの戯画である。永遠回帰は、ある哲学思想、例えばプラトンのイデア論について、こう考えるようにわれわれを促す。すなわち、イデア論は、気になる謎として後世の哲学者たちを引きつけ、ときには創造的な謎解きとしての新たなイデア論解釈を創出させたし、イデア論をステップにした新たな思想を創出させもした。逆に言えば、イデア論が今に伝わるのは、それが知識として手荷物のように手渡されてきたためではなく、〈作品〉として二千数百年間新解釈や新思想を誘発したからである、と。

学び手が教師や真理に誘惑されて知と結びつく関係は、学び手が教師や真理という〈作品〉を受け取ることで文化伝承に参加するという点で、教育的と言えよう。

四　ニーチェの成長理念

以上の論考は、次のようにまとめられよう。

われわれはまず、後期ニーチェの生概念に成長概念を見出した。すなわち、「表1」の〈生＝成長〉概念である。次にわれわれは、二種類の教育観をニーチェに見出した。一つは、同時代的な偽文化の自己への影響を排除しながら、自己の内在的な本質である天才が顕在化する自己完成を目指す自己教育である。もう一つは、謎としての教師や真理によって、謎解きをする学び手が誘惑されつつ変化する、知と学び手の教育的関係である。ニーチェ哲学における後者の役割は、人間が超人に進化する可能性を確保するために、人間を本質の決まった存在として固定せず、不安定な可塑性の高い状態に置くことである。その教育的価値は、学び手が文化の伝承に参加するところにある。

さて、〈生＝成長〉概念の枠組みのなかで、これら二種の教育観からどのような成長概念が導出できるのか。第一の教育観に含まれる成長概念は、前述の通り（本稿「二」）、自己の内在的な本質である天才が、次第に顕在化して自己完成していくことである。第二の教育観は、その中核に成長概念を含まない。超人への進化は成長ではなくいわば精神史における突然変異であるし、学び手が可塑性を高めることと文化の伝承に参加することは進化を待つための副次的な成長である。しかし、〈生＝成長〉概念からみるとき、進化はやはり自己拡大としての成長である。というのも、人間から超人になることは、人間にない超人的な遠近法的視点を手に入れることだからである。したがってわれわれは、①自己の内在的本質である天才が顕在化する自己完成に向かうことと、②超人に進化すること、という二つの成長概念を獲得し、さらに、②a　超人への進化の受容を容易にするために自己の可塑性を高めることと、②b　文化の伝承に参加すること、という②に関する二つの副次的な成長概念を獲得できる。

自己拡大を成長とみなす〈生＝成長〉概念を基盤にして、①、②、②a、②bを成長理念に綜合するとき、その中心になるべきなのは、超人への自己拡大である②の超人への進化であろう。しかし、前述のように（本稿「三」(2)）、超人は突然変異的に到来するのだから、教育によって意図的に創り出せない。教育によって促進できる成長は、①、②a、②bである。これらのうち②aと②bは、表

表2

ニーチェの成長理念	超人への進化を祈念しつつ、教師や真理に誘惑されて文化伝承へ参加することによって、自己の可塑性を高め続けること。その際、自己内に最終的に顕在化すべき天才があると信じてもよい。

裏一体である。つまり自己の可塑性を高めることは、本稿「三(4)」で見たように、〈作品〉に誘惑されることであるから、文化の伝承に参加することでもある。また①は、内在的本質の存在を認める点で後期ニーチェ哲学にそぐわないうえに、潜在的に天才である人物にのみ有効な成長概念なので、綜合的な成長理念においては限定的な立場に甘んじる。

これらを考慮するとき、「表2」の成長理念が構築できる。

この成長理念は〈生＝成長〉概念の枠内で構築されたので、ニーチェ哲学に内在的であるという意味で、ニーチェの成長理念である。しかし、この成長理念の現代の教育状況における意義については、ニーチェに外在的な視点から稿を改めて論じねばならない。

註

テクスト：Friedrich Nietzsche, *Sämtliche Werke Kritische Studienausgabe* in 15 Bänden, hrsg. von G. Colli und M. Montinari, de Gruyter, Berlin/New York, 1988. 著作からの引用参照箇所は、著作の略記号、章の番号（ローマ数字）か章の題名（あるいは題名の略記号）、節の番号（算用数字）、の順に本文中に記した。遺稿断想からの引用参照箇所は、前掲テクストの巻数、断想配列番号、の順に本文中に記した。略記号は次のとおり。**著作**：AC：Der Antichrist／EH：Ecce homo／GD：Götzen-Dämmerung／GM：Zur Genealogie der Moral／JGB：Jenseits von Gut und Böse／UB：Unzeitgemäße Betrachtungen／Z：Also sprach Zarathustra／ZB：Ueber die Zukunft unserer Bildungsanstalten. **章**：Erweckung：Die Erweckung／Esel：Das Eselsfest／Fabel：Wie die „wahre Welt" endlich zur Fabel wurde／Genesende：Der Genesende／Irrthümer：Die vier grossen Irrthümer／z：Also sprach Zarathustra.

1 本稿で初期ニーチェというのは『悲劇の誕生』から『反時代的考察』の成立期であり、後期ニーチェと呼ぶのは『ツァラトゥストラ』執筆期以降である。

2 あるいは、哲学者、芸術家、聖者の創出である（UBⅢ, 5）。

3 Friedrich Nietzsche, *Sämtliche Briefe Kritische Studienausgabe* in 8 Bänden, hrsg. von G. Colli und M. Montinari, de Gruyter, Berlin/New York, 1986, Bd.8, S.572f.

4 Georg Picht, *Nietzsche*, Stuttgart, 1988.

5 Ernst Cassirer, *Zur Logik der Kulturwissenschaften*, Darmstadt, 1961, S.126.

6 Ebd.

7 Ebd., S.127.

8 例えばツァラトゥストラは嘔吐したくなり（Z, Genesende, 1, 2）、鷲と蛇は傍観者的な態度を示し（Z, Genesende, 2）、高人たちはロバ祭りを開く（Z, Erweckung, 2, Esel, 1）。

ヨーロッパ的人間性の危機、野蛮さへの転落か、哲学による再生か

—フッサールの「ウィーン講演」が語りかけるもの—

もしわたしたちが、無限に続く闘いにも挫けないあの勇敢さをもつ「善きヨーロッパ人」として、もろもろの危機のなかでも〔もっとも重大な〕この危機と闘うならば、そのとき、不信というすべてを無と化す炎のなかから、ヨーロッパがもつ人間の使命への絶望というくすぶり続ける火のなかから、疲弊した灰のなかから、新しい生の内面性と精神形成とをもつフェニックスが、遠大な人間の未来を保証するものとして立ち現れてくるだろう。なぜなら、精神だけが不滅なのだから〔エトムント・フッサール〕。[1]

はじめに

二十世紀を代表する現象学者の一人であるメルロー＝ポンティー[2]の『知覚の現象学』（一九四五年）は、次のような一節から始まる。

現象学とは何か、フッサールの最初期の諸著作〔一九〇〇／〇一年〕から半世紀も経ってなおこんな問いを発せねばならぬとは、いかにも奇妙なことに思えるかもしれない。それにもかかわらず、この問いはまだまだ解決からはほど遠いのだ。[3]

この問いは、現象学に対してではなく、むしろ現象学を内包する哲学という学問そのものに対して向けられるべき問いではないだろうか。メルロー＝ポンティーに倣って表現すればこうだ。哲学とは何か。ミレトスのタレスから始まり、すでに二千六百年以上の時を経過してなおこのような問いを発せねばならないとは、いかにも奇妙なことに思えるかもしれない。しかしそれにもかかわらず、この問いはまだまだ解決からはほど遠いのだ、と。

もちろん、ソクラテス・プラトン以来、哲学とは、ただ生きることではなくより善く生きるために吟味の生を選ぶこと（プラトン『クリトン』48b）であり、金銭、世間の評判や名誉を得ようと汲々とするのではなく、知と真実を得るために己れの魂をできるだけすぐれたものにすること(プラトン『ソクラテスの弁明』29d-e)であった。[4] しかし、人類の歴史を振り返ってみれば、この哲学の創成期に成立した理想的な規定にもかかわらず、哲学はその時代の要請に応じてさまざまに変化しつつ、人類の歴史の各頁にその姿を現してきた。

こうした哲学の歴史状況において、十九世紀から二十世紀へという世紀の転換期に「現象学 Phänomenologie」という新たな思想の潮流を生み出したフッサールもまた、彼が生きた激動のヨーロッパ―とりわけ第一次世界大戦からナチスが台頭する一九三〇年代後半のヨーロッパ―で苦しい闘いを強いられつつも、「哲学とは何か」という問いに対して一つの答えを与えようとしたのであった。本論では、「ヨーロッパ的人間性の危機と哲学」という表題で一九三五年五月にウィーンで行われた講演(以下、「ウィーン講演」と略記する)を手引きとして、まさに人間の在り方そのものが根底から問われたかの激動の時代のなかで、フッサールが哲学にどのような「使命 Beruf」を見出していたのかを見定めてみたい。

一 「ウィーン講演」の目的

フッサールは「ウィーン講演」で何をわたしたちに訴えようとしたのであろうか。まず、その目的と基本となる論点を確認しておこう。

わたし〔フッサール〕は、この講演において、ヨーロッパ的人間性という歴史哲学的理念 geschichtsphilosophische Idee（あるいは目的論的意味 teleologischer Sinn）を展開することによって、ヨーロッパの危機というこれまで非常にしばしば論じられてきたテーマに対して、ある新たな関心を呼び起こしたいと思う。その際、この〔歴史哲学的〕意味において、哲学とわたしたちの学問となっている〔哲学の〕派生的学問がいかなる本質的機能をもっているのか示すことによって、ヨーロッパの危機もまた、一つの新しい着想を獲得するだろう（二四頁）。

この講演の目的は明白である。それは、当時すでに世間一般にまで広がっていた社会状況としてのヨーロッパの危機に対処するための新たな着想をえるために、哲学を歴史的に回顧するという観点から哲学が人類にとって果たすべき役割、つまり哲学の使命を再検討することである。この「ウィーン講演」の冒頭の言葉から、本論が探究すべき二つの問いが明らかになる。それは、第一に、ヨーロッパの危機とは何か、第二に、この危機に対して哲学がどう関係するのか、という問いである。

これらの問いに答えるために、まずこの講演で語られる哲学にかかわるフッサールの二つの基本的な考えを確認しておこう。

考え①：フッサールが「ヨーロッパ的人間性」――これがどのようなものであるかはまだ不明確である

のだが―と呼ぶものは、人類の歴史的展開としての哲学との関連で論じられること

考え②：哲学は、その始まりから何らかのゴール（究極目的）を目指して展開される目的論的構造をもつものであること

この二つの基本的な考えを踏まえたうえで、ヨーロッパの危機とは何か、という問いへの探究を開始しよう。

二　ヨーロッパの危機とは何か―人格としての人間とその精神的形成物としての文化―

ここで、「ウィーン講演」が行われた一九三五年当時のヨーロッパの社会状況について簡単に確認しておこう。フランスで活躍したスペイン人作家センプルン[5]は当時の危機的状況の要因についてこう述べている。その要因は、第一に、ヴェルサイユ条約によって構築された平和的秩序の崩壊と国際連盟の挫折、第二に、一九二九年の世界恐慌の発生、第三に、資本主義に対抗する計画主義（プラニズム）というイデオロギーの台頭、そして、第四に、社会的な意味でも政治的な意味でも公的生活のなかに大衆が出現したことである、と。[6]

こうした国際軍事的、経済的、政治的要因からなる複合的な不安に苛まれていた当時のヨーロッパの人々が、この不安を取り除く方策を求めて苦慮し、途方にくれていたことは想像に難くない。フッ

サールは、こうしたさまざまな要因によって引き起こされた社会的危機（社会的不安）の真の原因が、じつはわたしたちの生（生き方）のなかにある、と主張する。フッサールが「ウィーン」講演において問題にするヨーロッパの危機とは、当時のヨーロッパに蔓延していた社会全体の危機のことではなく、その真の原因として、わたしたち人間が「生きることLeben」をめぐって生じてくる人間性の危機のことなのである。もちろん、この人間性の危機において、「生理学的な意味」でのヒトとしての生が問題になっているということではない。この危機は、この世界のなかで他者とともにさまざまな形態の歴史的・文化的な社会を形成しつつ生きている者である「人格Person」としての人間の生をめぐる危機のことである（二五頁参照）。

フッサールは、人格としての人間の生の特徴をこうまとめる。「人格的に生きることとは、わたしとわたしたちが共同体化されたものとして、一つの共同体地平のなかで生きる」ということである。そのような共同体のなかでわたしたちは、さまざまな「目的や精神的形成物を作り出しつつ生きる」のであり、人類の「歴史性という統一のなかで文化を創出しつつ」生きるのである。わたしたちの精神の産物としての文化は、「さまざまな共同体、民族、国家」、あるいはそれらを超えて成立する「国際組織」に応じて多様に創出される。日本には日本の歴史的文化が、イヌイットの人々にはイヌイットの歴史的文化が、そしてまたEU（ヨーロッパ連合）にはEUの歴史的文化が作り出されるといった具合に（二五—二六頁参照）。

このような、人格として生きる人間たちとその歴史的な精神的形成物としての多様な文化が並存する世界という脈略のなかで、フッサールは第一次世界大戦の開始からヨーロッパ文化が危機に陥り出し、一九三〇年代に入ってからいよいよその危機が顕著なものとなってきたと考えている。この人格としての人間とその歴史的形成物としての文化という発想を確認することによって、フッサールがヨーロッパの危機を「ヨーロッパ的人間性」という観点から論じようとしたねらいがいっそうはっきりと理解できるだろう。すなわち、ヨーロッパ的人間性の危機とは、当時のヨーロッパに蔓延していた社会全体の危機のことではなく、その真の原因として、ヨーロッパ文化という精神的形成物を歴史的に創出してきた人格とその独自性をめぐって生じてくる人間性の危機のことである。フッサールが「ヨーロッパ的人間性」と表現していたものは、ヨーロッパ文化を創出する担い手としての人格、つまり「ヨーロッパ的人格」のことである、と。

三　危機を解決するための方法とはどのようなものか―伝統的知見と学問的洞察―

しかし、フッサールは「ヨーロッパ的人格」のどこに問題があると考えたのであろうか。具体的にヨーロッパ的人格のどのような独自性が危機を引き起こしたのであろうか。この問いに答えるために、危機の解決策をさぐるフッサールの一連の発言を精査してみよう。

フッサールは、この危機がじつは非常に根深いものであり、そう簡単に解消できるようなものではない、と考えていた。そのため、個人的な「素朴で思い入れのたっぷり入ったようなヨーロッパ再生案」（二二六頁）を解決策とするような提案を彼は即座に却下する。そのような提案に代えて、フッサールは、病に対する二通りの対処法としての「自然療法」と「自然科学的医学 naturwissenschaftliche Medizin」という比喩（二二四頁）を用いつつ、この危機の解決策となりうる資格を有する方法について次のように述べている。

自然療法とは、「日常の民衆生活における素朴な経験や伝統から生まれてきた」ような、一般的には民間療法と呼ばれる対処法のことである。これに対して自然科学的医学とは、「人間の身体に関する純粋に理論的な学問」である「解剖学と生理学の洞察を利用」した対処法のことである。この解剖学や生理学は、「自然一般について普遍的な解明を行う基礎学である物理学や化学に依拠」した学問である。この意味でフッサールは、この対処法をわざわざ「自然科学的医学」と呼んでいる（二二三―二二四頁参照）。もし今、わたしたちが何らかの病を患ったとき、大半の者はこの二通りの対処法のなかで後者の方法を採用するであろう。というのも、いまやわたしたちは、日常生活を送るうえで自然科学がもつ力をおおいに信用しているからだ。

このような自然科学に対する信頼は、二十一世紀の日本に生きるわたしたちと同様、一九三〇年代のヨーロッパで暮らす人々にとっても、すでに自明のものであったということは想像に難くない。フランシス・ベーコン[7]以来、近代自然科学がヨーロッパのみならず全世界に生きる人々の生に与えた影響は議論の余地のないほど明白であろう。それゆえ、ヨーロッパの危機の解決策として採用すべき方法は、個人的な意見でもなく、伝統による積み重ねと経験的な蓄積はあるもののなお素朴さの域を脱しきれない自然療法でもなく、自然科学に代表されるような理性に基づく学問的洞察に基づく方法でなければならない、とフッサールは考えた。彼は自然科学がもつ力についてこう述べている。

自然科学の偉大さは、それが直観的な経験に甘んずることがない、という点にある。というのも、それ〔自然科学〕にとって自然を記述することはすべて、精密な説明へと至るための、すなわち、物理的―化学的説明へと至るための方法的通路にすぎないものだからだ。〔……〕それ〔自然科学〕は、直観的に与えられたものをたんに主観的に相関的な現出とみなす。さらに、〔自然科学は〕構成要素や法則に即しながらその無制約的な一般性を目指す体系的な漸次的接近のなかで主観を超えた（「客観的な」）自然それ自体を探究することを教える。これと同時に、それ〔自然科学〕は、〔……〕そのつど事実的に与えられている現出から出発して、ある範囲と精確さにおいて、それもすべての直観的に与えられた経験的なものを乗り越えるという精確さにおいて、未来の可能性や蓋然性を導出することも教える。〔このように〕近代における精密科学〔＝自然科学〕の首尾一貫した発展の成果は、技術による自然の支配における真の革命であった（二七頁）。

この引用の最後で述べられているように、応用され、技術と一体となった自然科学技術は、わたしたち人間が自然を支配するための不可欠なツールとなる。では、自然を支配するという点で圧倒的な力をもつ自然科学の知見（とその応用である科学技術）を用いることによって、かの危機は克服され、解消されるのだろうか。フッサールの答えは否である。むしろ、彼の考えるヨーロッパ的人間性の危機とは、この自然科学と科学技術がヨーロッパ文化にもたらした負の産物のことに他ならない。

ここに本節での問いに対する答えがある。すなわち、ヨーロッパ的人格の独自性は、理論的な学問（理性に基づく学問的洞察）を重視することである。しかし、近代以降、その理論的な学問の代表であり、自然の支配に関して極めて強い力をもつ自然科学をそのあまりの力強さゆえに、信頼し過ぎてしまったこと、これがヨーロッパの危機の真の原因となったのだ、と。

四　自然科学の限界―ヨーロッパに危機をもたらしたものとしての自然科学―

では、ヨーロッパに危機をもたらしたものがヨーロッパ的人格の独自性と密接に関連する自然科学への過度の信頼であった、というのはいったいどういうことなのだろうか。

なるほど、自然科学が自然を支配するのみならず、わたしたちの日常生活の基盤となるだけの力をもつものであることはフッサールも認めている。しかし、彼は続けてこう主張する。この自然科学が日常生活に対して強力なものであったからこそ、いっそう深刻な形でヨーロッパ文化に危機的状況をもたらすことになったのだ、と。「ウィーン講演」から数年後、この講演の内容に「生前最後に発表した論文とその未刊の続稿（一九三五―三六年執筆）」を加え、いわば彼の「後期の思想の集大成」となるはずであった未完の著作『ヨーロッパ諸学の危機と超越論的現象学』（フッサール全集第6巻）[8]のなかで、フッサールはこう書いている。

> そのなかで、十九世紀後半に生きていた近代人の世界観全体がもっぱら実証科学〔＝自然科学〕によって規定され、それ〔実証科学〕がもたらす「繁栄」によって目を眩まされていた排他性は、真正の人間性にとって決定的な意味を持つ問いから無関心に目を背ける、ということを意味していた。たんなる事実学〔＝自然科学〕はたんなる事実的人間〔＝事実的な事柄にしか関心をもたない人間〕しかつくらない。〔このような自然科学に対する〕世間一般の評価の転換は、とくに戦後〔第一次大戦後〕避けることのできないものとなり、よく知られているように、若い世代のうちに、次第に敵意に満ちた気分を惹き起こすまでになった。[9]

自然科学は、たとえば、明日の徳島県南部の天気はどうであるか、今日収穫したすだちをその鮮度を損なうことなく徳島から京都まで効率的に輸送するにはどうすればよいか、という問いに対しては非常に有益な答えを提供してくれる。しかし、その一方で、自然科学は、たんなる事実的な事柄への問いとは異なる、わたしたちの生き方にかかわる問いに対しても有用であるとは言えない。フッサールは、この事実的な事柄とは異なる生の問いのなかでわたしたちに立ち現れてくる事態を「生の窮状

Lebensnot」と呼ぶ。

この学問〔＝自然科学〕がわたしたちの生の窮状に際して何も語ってくれない、とわたしたちは耳にする。それ〔この学問〕は、わたしたちの不幸の時代のなかでの運命的な大変革にさらされている人間にとっての焦眉の問いを原理的に排除している。すなわち、この人間として現に存在しているということ全体に意味があるのか、それともないのかということへの問いを原理的に排除している。こうした問いこそ、〔……〕理性的な洞察からの答えを要求するものではないのだろうか。それら〔の問い〕は、最終的には、人間と人間ではないものからなる周囲世界[10]に対する振る舞い方において自由に態度を決定するものとしての人間に、自らの可能性のなかで自由に自分自身とその周囲世界を理性に適った仕方で形成するものとしての人間に関係する。[11]

わたしたちは、自然科学が日常生活の事実的な事柄に対してもっている力のために、自然科学に腹蔵されている次のような二つの素朴さを捉え損なっている、とフッサールは主張する。

素朴さA：自然科学は人間の生のあらゆる領域に対して有益な答えを与えることができる学問ではない、ということを見過ごしてしまっているという素朴さ

自然科学が事実的な事柄に関して、その「未来の可能性や蓋然性」を「導出する」ことができるのは、あくまでも「ある範囲と精確さにおいて」でしかない。なるほど、自然科学はある制限された範

囲のなかで、一層具体的に言えば、わたしたちの日常生活のなかで精密に数量化可能なものという制限範囲のなかでは極めて有益な答えを提供してくれる。しかし、人間の存在に意味があるのか無いのかという問いのように、数量化できないような生の事柄に関してはまったく無力である、という弱点を抱えている。[12]

素朴さB：自然科学は「共同して研究に従事する自然科学者たちの精神的な働きを表す名称」である。したがって、この活動そのものは他のすべての学問と同様、自然科学によってではなく、「精神科学によって解明されるべきものの領域」に属している、ということを把握し損ねているという素朴さ（三一一頁参照）

自然が自立的な領域であるかのように見えるのは、自然科学という観点から見た場合だけである。すなわち、数量化可能性という一定の基準によって制限された範囲を設けた場合だけ、そのように自立的に見えているにすぎない。しかし、自然科学が精神的な働きの産物である以上、その自然科学によって探究される自然も「精神の産物」であり、「精神についての学を前提」してはじめて成立するものである（八九頁参照）。

こうした二つの素朴さを認識することができず、人間が生きることをめぐって生じるあらゆる問題を「自然科学的に解明」できると考える立場をフッサールは、「自然主義（自然第一主義 Naturalismus）」（三二一頁）と呼ぶ。では、この「自然主義」を克服するだけでなく、自然科学が沈黙するしかない生の窮状をめぐる問いに答えるためにも要請されてくる精神科学とはいったいどのような学問なのだろうか。

五　真正の精神についての学―ヨーロッパ的人格の核としての哲学的な生き方―

「ウィーン講演」が行われた当時、自然科学に対立する学問として精神科学が存在していた。その精神科学の代表者が、ディルタイ（Wilhelm Dilthey. 1833-1911）、ヴィンデルバント（Wilhelm Windelband, 1848-1915）、リッケルト（Heinrich Rickert, 1863-1936）であった。しかし、フッサールは、彼らに代表されるような精神科学に対しても批判的態度をとる。というのも、その学問的努力にもかかわらず、彼らもまた「自然主義」に囚われてしまっているからだ[13]。そのために、「自然主義」に囚われることなく、わたしたちの「精神性についての無制約的に一般的なものを構成要素と法則にしたがって追求する精神の本質論」（三三一頁）を新設することが必要である、とフッサールは主張する。この新設されるべき学が精神についての本質学としての「超越論的現象学 transzendentale Phänomenologie」（九一―九三頁）である[14]。

しかし、この超越論的現象学とはどのような学問なのか、それは具体的にどのようにして新設されるのか、という問題については、残念ながら「ウィーン講演」では明確に語られていない。その代わりに語られるものが「哲学」の理念である―フッサールは、超越論的現象学もまたこの理念のもとに成立すると考えているので、超越論的現象学について具体的に述べる代わりに哲学について語るのである―。

だが、なぜ「哲学」なのであろうか。それは、フッサールにとって、ヨーロッパ的人格に固有独自の契機を表す名称が、しかも不可欠の契機を表す名称が「哲学」であるからだ。彼はそれを、「精神的形態としてのヨーロッパ」の核である「ヨーロッパの歴史に内在する哲学的理念」(三四頁)と呼ぶ。

ヨーロッパ(精神的ヨーロッパ)の歴史に内在する哲学的理念〔……〕。人間の新時代の出現、あるいは発展の出発点として明らかにされるような目的論、理性の理念に基づき、無限の課題を担っている人間の現存在や歴史的生が、それ以降、自由な形で営まれてゆき、また営むことができるという人間の時代の端緒として明らかにされるヨーロッパの歴史に内在する目的論〔……〕(同上)。

フッサールは、人類の歴史のなかに哲学という営為が誕生したそのとき、わたしたちに新たな生き方(人格としてのわたしたちの生き方)が切り開かれた、と考えている。この新たな生き方こそ、ヨーロッパ的人格の核としての哲学的な生き方である。この新たな生き方は、相互に重なり合う次のような三つの特徴を持つ。すなわち、

特徴Ⅰ:理性に基づく生き方

特徴Ⅱ：無限の課題へと立ち向かうという目的をもった（目的論的構造をもった）歴史的な生き方である。
特徴Ⅲ：自由な生き方

そこで以下、この三つの特徴を念頭に置きつつ、哲学的な生き方についてのフッサールの論述を追ってみよう。

古代ギリシアにおいて開始された哲学とは、古代ギリシアという一地域・一時代を越えてヨーロッパ全体へと―そして今や地球全体にまで―拡大していった「文化形成物」のことである。この意味でフッサールにとっての哲学は、「ヨーロッパ的な超民族性という様式」で展開される「歴史的運動」に他ならない[15]。この歴史的運動全体を貫いて、哲学として変わることなく受け継がれているものは、この運動がつねに「無限なるもののうちに存在するある規範形態（の獲得）を目的とする」ということである。この規範への志向が人類の新たな生き方の基本方針を規定する。その基本方針が「人間性全体の前進的改造」という「理念」である（四〇―四一頁参照）。

フッサールが哲学的な生き方を規定する基本方針を「理念」と呼ぶのは、人間性全体を改造していく際に目指されるべき究極目的として、人間の理想的な「完成態（エンテレキー）」（三七頁）という意味での「神の概念」（六九頁）が先取されているからである。しかし、この神を何らかの特定の宗教における信仰対象としての具体的な神（神々）として理解してはならない、ということに注意しなければならない。それは、わたしたちが人格としてさまざまな精神的な活動を営みつつ生きる際に、「理想的な生の規範化」（四一頁）の体現者として、わたしたちによって意識される神のことである。フッサールはこの意味での神を「絶対的ロゴス（＝絶対的理性）の担い手」（六九頁）と表現する。

この「絶対的ロゴスの担い手」としての神を究極目的として生きることのなかに、上述の哲学によってはじめて切り開かれたヨーロッパ的人格の生がもつ特徴がいっそう明確な仕方でその姿を現している。

まず、特徴Ⅰ：理性に基づく生き方に関して言えば、フッサールが、ヨーロッパの危機を解決するための方法について、病に対する伝統的な自然療法と自然科学的な治療法との比喩を用いつつ、前者の伝統的知見に付き纏う素朴さを警戒し、後者の学問的洞察を優先する立場を表明していたこと、加えて、後者の基礎をなしている自然科学そのものに付き纏うそれ特有の素朴さに対しても警鐘を鳴らしていたことを思い起こして欲しい（「自然主義」の克服、本論「四」参照）。フッサールは、首尾一貫して理性に基づく学問的洞察を評価する立場をとってきたのであった。しかし、今や明らかになったことは、その理性とは人類の究極の理想としての神とともにわたしたちに意識される「絶対的ロゴス」としての理性のことであった、ということである。

しかし、ここでさらなる問いが生じてくる。すなわち、この「絶対的」とはどのような意味なのか、と。だが、フッサールが理性について、判明に区別される生の二つの局面で論じていたことを思い起こすならば、この問いに対する答えはもはや明白である。その二つの局面とは、

局面a：自然を支配するのみならず、わたしたちの日常生活のなかの事実的な事柄にかかわる問いに対して力を発揮する自然科学の合理性（数量計算に基づく予見性と効率性にかかわる理性）

という局面

局面β：自然科学が沈黙するしかない生の窮状としてわたしたちのうちに生じてくる問い（わたしがこの世界のなかでまさに生きていることに意味があるのか否かという問い）に答えるために要求される理性という局面

のことである（本論「四」参照）。フッサールは、これら二つの局面で姿を現す理性のうち、局面αにおける自然科学的合理性が、たしかに一つの「『合理性 ratio』の発展形態」ではあるけれども「一面的な合理性」でしかない、理性の本来の在り方から逸脱した形態の理性である、と述べている。フッサールにとっての理性とは、たんに自然科学的合理性として機能するだけでなく、つねに同時に、わたしたちの生の窮状にかかわる問いに対しても応答しようとする理性、すなわち、わたしたちにとっての理想的な生の規範化とは何かを吟味し、その実現を目指して自らを改造しつつ前進する際に働いている理性も意味している。こうした際だった二つの働きを兼ね備え、つねにこの二つの働きが統合的に協働している理性こそがフッサールにとっての「絶対的ロゴス」である。フッサールは、この絶対的ロゴスへの到達という理念を実現させようと努力する生き方を「哲学的理性」の生と呼んでいる（七三一七五頁参照）。

では、特徴Ⅱ：無限の課題へと立ち向かうという目的をもった（目的論的構造をもった）歴史的な生き方について考えてみよう。神が無限なるもの、無限な存在であるのに対して、わたしたち人間は有限な存在である。有限な存在である人間がその生のなかで、無限な存在である神を理想的な究極目的と定めるとき、わたしたちに唯一可能であることは、親から子へと、今を生きる世代から未来を生きる世代へと生命と生き方を継承しつつ、その歴史を紡ぎ続けながら神へと一歩一歩前進していくことだけである。言い換えれば、理想的な生の規範化の実現、あるいは絶対的ロゴスへの到達という目的において、わたしたちに唯一可能であることは、完成態としての神に向かって自らを漸次的に改造していくという「理念精神に基づいて、自らを刷新し続ける幾多の世代からなる無限性という未来地平」(四二頁)を生きることを決断することだけである。フッサールは、この未来地平を生きるという決断を具体的な形で可能にするものとして、一人ひとりの生命の継承とともにこうした生き方の継承を具体的に可能にするものとして必然的な仕方で要請されてくる文化形態を「研究と教育」(六四頁)と表現する。

ここから、フッサールにとっての哲学の意味がいっそう明確に規定される。哲学とは、絶対的ロゴスへの到達を目指して、止むことなく改造と刷新を繰り返す歴史的運動そのものであり、研究と教育という二つの際立った文化形態を通じて、世代から世代へと継承されながら創出され続けていく文化形成物のことである、と。では、特徴Ⅲ:自由な生き方と哲学とはいったいどのように関係するのだろうか。次節ではこの問いについて考えてみたい。

六　自由な生としての哲学的理性の生

フッサールは哲学が、人間の「好奇心」から生じたものであると考えている。ここでの好奇心とは、たとえば、工場で働くことや学校で勉強することのような、わたしたちの日常的な「実践的関心」が支配的に働いている、いわば「まじめな生活」をいったん中断し、「遊び」に興じる際に働いている関心のことである。この意味での好奇心によって、わたしたちは日常的な「生活関心から解放」される。フッサールは、この日常生活からの解放を「態度変更」と呼ぶ。この態度変更の際立った一例が、哲学の起源と密接に関係する「『驚き〔タウマゼイン〕』という態度」変更である。わたしたちは、この態度変更によってはじめて、日常的な実践的関心が支配的に働いている「世界に関与しない注視者、俯瞰者」となる。かつてプラトンやアリストテレスが「哲学者」と形容した者は、この態度変更によって世界に関与しない注視者、俯瞰者となった者のことなのである〔六〇―六二頁参照〕。

しかし、態度変更によって日常的な実践的生活関心から解放された哲学者は、世界をどのように注視し、俯瞰できるようになるのだろうか。

このような態度変更によって、人〔＝哲学者〕はまず諸民族の多様性を、自民族や他民族のことを考察するようになる。それぞれの民族は、それぞれ固有の周囲世界をもっており、この周囲世界については、その伝統、神々、デーモン、神話的能力をもった民族の多様性を、端的に自明な現実世界とみなすようになる。この驚くべき態度変更によって、現実世界と世界表象の相違が現われ、そして真理に関する新しい問いが生じてくる。すなわち、伝統に拘束され続けてきた〔これまでの〕日常的真理に関する問いではなく、伝統によってもはや目を眩まされてはいない、すべての人にとって同一でありかつ妥当性をもつ真理、真理それ自体に関する新しい問いが生じてくる（六二頁）。

多様性をその基本特性とする新しい世界の捉え方への変化とそれに伴う真理の捉え方の変化とともにはじめて生じてくる新たな問いの獲得、これこそが哲学者への態度変更に固有の事柄なのである。哲学史的に言えば、態度変更はまず、タレスという「個別化された人格」のうちに生じ、タレスを日常的な実践的関心から解放された者である哲学者という「新しい人間」の在り方へと成長させた。しかし、こうした態度変更は、タレスという一人格のなかのみならず、それ以降、多くの人格のなかでも生じた。その結果、「哲学的生を職業として営む人間」という「新種の文化形態」である哲学が成立した。この新種の文化形態としての哲学は、多様性という新たな世界の捉え方と真理の捉え方に関する問いを、より前の世代からより後の世代へと継承させ、共有しつつ、「共同的に」生きられていった。この哲学という共同の生の特徴は、この問いを介した「相互批判による研究協力」であった（六二—六三頁）。

ここから、自由な生き方と哲学とはいったいどのように関係するのだろうか、という問いに対する答えを導き出すことができる。すなわち、第一に、態度変更を通じて日常的な実践的関心から解放されることで、もはや既存の伝統的な考えによっては拘束されない新たな目で世界のあり様を見つめ直すことができるようになること、そして第二に、多様なものとして捉え直された世界のあり様を見つめることを通じて、伝統に拘束されたいわば相対的な真理ではなく、絶対的な真理それ自体への問いを、相互批判を軸とする共同研究によって探究し続けること、これが哲学によって切り開かれたヨーロッパ的人格の生としての自由な生き方の意味である、と。

おわりに

最後に、これまでの論述を、哲学が人類にとって果たすべき役割、つまり哲学の使命とは何かという観点から簡潔に振り返ってみたい。

フッサールによれば、ヨーロッパ的人間性の危機とは、理性に基づく学問的洞察を重視するという特徴をもつヨーロッパ的人格の生が、日常生活の自然科学とその応用である科学技術を過度に信頼し依存してしまうことに起因するものであった。なるほど、自然科学と科学技術は、わたしたちの生活のなかの数量化可能な事柄に関する効率化や能率の向上という点ではきわめて有益なものであることは疑いない。自然科学に纏わるこの事実は、フッサールが生きた一九三〇年代のヨーロッパであれ、二十一世紀の日本であれ、まったく変わることなく当てはまるものである。いやむしろ、二十一世紀に生きているわたしたちの日常生活は、ますます自然科学的合理性のみを重視する傾向が支配的になってきている。こうした傾向が支配的になればなるほど、二十一世紀に生きるわたしたちが生の窮状にかかわる問いに答えることへの困難もいっそう深刻なものとなるに違いない。これは、フッサールがすでに今から八十年前に見抜いていたように、自然科学が人間の日常生活から切り離しがたいほどの力をもてばもつほど、人格として生きているわたしたちの精神の危機が増え続ける可能性がある、ということである。自然科学的合理性の産物に起因するような、わたしたち人間が生存することの意味や生き方を左右する問題は今後ますます顕著になっていく。このことは、たとえば、インターネットという新種の科学技術がこの数十年という短い期間で世界中を席巻した結果、わたしたちの日常生活の在り方を正負両面において激変させたことを思い浮かべればいっそう具体的に理解できるだろう。

こうした時代の不可避の流れのなかで今を生きているわたしたちもまた、「ウィーン講演」の聴衆と同様、二つの生き方の選択を迫られている。自然科学的合理性としての理性のみをますます重視するという流れに身を任せ、ここにはわたしがこの世界で生きていることの意味への問いを見えなくさせてしまうような危うさが潜んでいるかもしれないという可能性について自ら考えることを放棄するという野蛮な生き方を選ぶのか。あるいは、そのような時代の流れからいったん身を引き剥がし、距離をとることで、世界のあり様とその行く末について自由に、自分の目で確かめ、吟味し続けることの大切さをわたしたちに気づかせる哲学的な生き方、換言すればヨーロッパ的人格の核としての哲学的理性の生を選ぶのか。

なるほど、哲学とは、自分の目で自由に世界を見直し、真理とは何かを問い直し、そうした問い直しを通じて、理想的な生の規範化の実現、あるいは絶対的ロゴスへの到達という目的のために生きてきた幾多の先人たちの精神の産物であり、そうした産物を人類が、研究と教育を通じて歴史的に継承してきた結果今、ここに存在している文化形成物である。しかも、この哲学は、限られた一部の人間だけしかアクセスすることができないようなものではない。しかしながら、その根本にあるものは、この世界のなかで生きている一人ひとりのわたしのなかで生じる態度変更である。このわたしの態度変更がなければ、わたしたちは哲学の継承者として、哲学的理性の生を生きるヨーロッパ的人格の仲間に入ることができない。もちろん、こうした生き方の選択にかかわる哲学を開始するための態度変更がいかなる意味でも自分以外の他者から強制されるべきものではない、ということにフッサールは自覚的であった。だからこそ、「ウィーン講演」でフッサールが最後に語った言葉は、危機に対する二つの出口（選択肢）があるということだけであった。野蛮な生き方を選ぶのか、それとも、哲学的理性の生を選ぶのか、「ヨーロッパ的現存在の危機には、二つの出口しかない」（九四頁）。その二つの出口のうち、どちらを選択するのかは完全にわたしたちに一任されている。

フッサールにとっての哲学の使命は、わたしたちに危機を脱するための完璧な解決策を提示することではない。哲学の使命は、わたしたちに危機を脱するための完璧な解決策を提示することではない。哲学の使命は、わたしたちに決断を迫ることである。答えを求めて自ら吟味し努力するという険しい道を歩むという選択だけが、唯一わたしたちを絶対的ロゴスの担い手としての神に近づけさせる生き方を可能にすること、理想的な生の規範化の実現を目指す生き方をわたしたちの精神のなかに断固たる決意とともに生じさせること、そのための生の選択という決断を迫ることである。

註

1 E・フッサール「ヨーロッパ的人間性の危機と哲学」『30年代の危機と哲学』清水多吉・手川誠士郎編訳、平凡社、一九九九年、九四—九五頁。以下、本書からの引用は、引用の直後に（）丸カッコをつけ、その頁数を示す。また、引用文中の〔〕きっこうカッコは論者による補足を示す。なお、文意を損なわないかぎりで訳語等を適宜変更させて頂いた。

Edmund Husserl（1859-1938）。一九一六年よりフライブルク大学で教鞭をとる。しかし、ユダヤ系の出自をもつ彼は、「一九三三年に大学教授のリストから抹消される」など、その「人生の最後の5年でナチの権力継承と反ユダヤ的人種法の犠牲者となることを体験しなければならなかった」（D・ザハヴィ『初学者のための現象学』中村拓也訳、晃洋書房、二〇一五年、一一六頁参照）。本論は、こうした不当な境遇に置かれてなお、さらには七六歳という年齢においてなお、哲学を通じて人間のより善き生を探究することを決して放棄することのなかったフッサールの情熱に溢れた講演を扱う。

2 Maurice Merleau-Ponty（1908-1961）。一九三〇年代にいち早くフッサール現象学の研究に従事した

3 フランスを代表する現象学者。彼はとくに「フッサールの身体分析に習熟」していた。彼の研究は、フッサール現象学のみならず、「発達心理学、構造言語学、民俗学、精神分析」など、「専門哲学の外部にある数多くの主題」にわたる広範なものであった（D・ザハヴィ、前掲書、一二一―一二三頁参照）。

4 M・メルロー＝ポンティー『知覚の現象学1』竹内芳郎・小木貞孝訳、みすず書房、一九六七年、一頁参照。

5 プラトン『プラトンⅠ　世界の名著6』田中美知太郎・責任編集、中央公論社、一九七八年。ソクラテス・プラトンにおける「哲学」の意味については、藤沢令夫『プラトンの哲学（岩波新書五三七）』岩波書店、一九九八年を参照のこと。

6 Jorge Semprún（1923–2011）。スペイン内戦の開始とともにパリに亡命、レジスタンス活動を行う。一九四三年、ゲシュタポに捕らえられ、ドイツのブーヘンヴァルト強制収容所に送られる。戦後、収容所へ移送された貨車の記憶をもとにした処女作『大いなる旅』を出版する。その後、フェミナ・ヴァカレスコ賞など、多数の受賞歴をもつ（J・センプルン『人間という仕事――フッサール、ブロック、オーウェルの抵抗のモラル（オートポイエーシ叢書六四）』小林康夫・大池惣太郎訳、未来社、二〇一五年、一三六頁参照）。

7 同上書、一二一―一四頁参照。

8 Francis Bacon（1561–1626）。英国の自然哲学者。主著『ノヴム・オルガヌム』（一六二〇）。

9 E・フッサール『ヨーロッパ諸学の危機と超越論的現象学』細谷貞夫・木田元訳、中央公論社、一九七四年、訳者による「解説」四一八頁参照、以下、『危機』と略記する。

10 『危機』、一六―一七頁。なお、文意を損なわないかぎりで訳語等を適宜変更させて頂いた。

フッサールは、人格としてのわたしたちが歴史的な生活のなかで、精神的に形成してきたような環境・

自然・世界を総じて「周囲世界 Umwelt」と表現する（三二頁参照）。

11 『危機』、一七頁。

12 ここでフッサールの自然科学批判が、自然科学それ自体を非難したり、その成果を否定したりするものではない、ということが明確に理解されるだろう。「〔自然〕科学の科学主義的自己理解に対するフッサールの攻撃を科学そのものに対する攻撃と解釈することは、まったく一義的に短絡とみなされねばならない。現象学は、科学敵対的ではなく、〔……〕けっして科学の価値を否定せず、同じく科学的研究がわれわれに新しい洞察を得させてくれることができ、われわれの現実の理解を拡張することができるということに異論を唱えはしない――現象学は単に科学主義や客観主義に向かう〔自然〕科学の傾向を批判しているにすぎない」（D・ザハヴィ、前掲書、二五―二六頁）。

13 八七―八八頁参照。フッサールは、自然と精神とを互いに独立した、二つの自立的領域とみなす立場を批判する。このような立場は、「そのなかで、自然と精神とが同種の意味をもった〔二つの〕実在的なのものとみなされる二元論的世界統握」をその特徴としてもっている。フッサールは、ディルタイをはじめとする精神科学者がこうした二元論的世界統握の立場を脱し切れていないと考えている。

14 ここでフッサールが、わたしたちの意識の本質としての「志向性 Intentionalität」（わたしたちの意識はつねに何ものかについての意識であるということ）を重視し、超越論的現象学を「志向的現象学 intentionale Phänomenologie」と表現していることは注目すべきことである。

ここで超越論的現象学について簡単に触れておきたい。現象学は次のような特徴をもつ学問である。「現象学にとって特徴的なのは、われわれに現出する〔われわれの意識に現れる〕通りの世界が――知覚においてであれ、実践的な交渉においてであれ、科学的分析においてであれ――唯一絶対的な世界で

15

あるという捉え方である。〔……〕現象学は〔たとえばプラトンのイデア論のような〕二世界説と呼ぶことができるものを、すなわち、われわれに現出するとおりの世界とそれ自身であるとおりの世界との間の区別を、きっぱりと拒絶するのである。〔……〕現象学者はこう強く主張するのである。事物があるひとにとって現象であるときに、〔……〕したがって、事物があるひとに現出し、経験され、理解され、認識されるかぎりで事物自体に関わっている、と」（D・ザハヴィ、前掲書、五―六頁参照）。このように書くと、なんだあたりまえのことじゃないか、と思われるかもしれない。わたしたちが何かを経験し、何かを理解し、何かを理解しているとき、わたしたちはそこで経験され、理解され、認識されているものが確かに存在していると思っている、ただそれだけのことじゃないか、これのどこが哲学なのか、と。たしかにその通りである。現象学は、あたりまえのことを問う学問である。「このような『自明』なもの、あまりにも「あたりまえ」であるがゆえに、ふだんわれわれが問おうともしないものこそ、エトムント・フッサール〔……〕によって創始された『現象学』と呼ばれる学問があえて問おうとするものである。それゆえフッサールは、現象学を『自明なものの学』と呼ぶ」。しかし、実はここに逆説的な秘密がある。それは、誰もがあたりまえだと信じきっており、あえて語ろうともしないもののうちにこそ、わたしたちが探究すべき「最も深い謎」が潜んでいるのではないか、という秘密である。フッサールの現象学が問題にした「最も深い謎」とは何か、それが知りたいと思ったあなたには、自分でフッサールの言葉に耳を傾けてみることをおすすめしたい（田口茂『現象学という思考〈自明なもの〉の知へ』筑摩書房、二〇一四年、一四―一五頁参照）。

ここで、直前の引用のなかで、フッサールが「ヨーロッパ」を「精神的ヨーロッパ」と表現し直していることの意味が明白になる。ここでフッサールが問題にしている「ヨーロッパは、地理的に、地図に描かれたものとして理解されてはならない」。ここでの「ヨーロッパ」は、地理的にその地域を局限されるようなヨーロッパではない。地理的に、地球のどこに存在しているかということとは全く関係なく、哲学をその核とするヨーロッパ的人格による「精神的な生、精神的な活動、精神的な創造の統一体」を指している（三三—三四頁参照）。

カルナップの『世界の論理的構築』における認知の関係的な把握

はじめに

本論の目的は、ルドルフ・カルナップ（Rudolf Carnap, 1891-1970）の主著『世界の論理的構築』（*Der logische Aufbau der Welt*, 1928）[1]に照準を絞って、わたしたちの認知の基底にある関係的な局面を露わにするところにある。

カルナップが『世界の論理的構築』のなかで取り組んでいるのは、「どのようにして、認知は、ある対象からべつの対象に到達するのか」（LAW 250, 1928）という課題である。カルナップは、この課題を、わたしたちがある音をドミソの三和音として聞き分けている認知を例にとって究明している（LAW 98-99, 1928）。すなわち、そこでカルナップが応えようとしているのは、いったいどのような仕方で、わたしたちは、耳に入ってきたその音をそのように聞き取っているのであろうか、という問いである。

そのために避けて通れないのは、わたしたちの認知の出発点をどこに置くのか、という問題である。カルナップが『世界の論理的構築』を著した二十世紀初頭で主流であったのは、認知の発端を「もっとも単純な感覚的知覚」（LAW 91, 1928）に求める見方である。すなわち、その枠組みに従えば、聞こえている音をドミソの三和音として判別しているとき、そのとき、わたしたちがなによりもまず受け取っているのは、当の音に含まれているドの音とかミの音とかソの音とかといった、個別的な聴覚的情報である。しかし、カルナップは、そうした「心理的な原子」（LAW 92, 1928）が「認知的に副次的なもの」（LAW 91, 1928）であると主張している。言い換えれば、カルナップにあっては、もろもろの感覚的な与件は、わたしたちに「無媒介的に与えられている」（LAW 131, 1928）わけではない。

カルナップがこのような見解に至った背景には、かれが『世界の論理的構築』を執筆していた頃のウィーンで醸成されていた、一定の態度がある（LAW XV, 1928）。カルナップも触れているように、その態度は、当時のウィーンに興った「建築術」の動向によく表れている（LAW XV, 1928）。すなわち、その動向は、オーストリアの建築家アドルフ・ロース（Adolf Loos, 1870–1933）を嚆矢とする、モダニズム建築である。

ロースの建築の革新性は、非装飾性にある。たとえば、かれが一九一一年にウィーンの皇帝宮殿の真向かいに建てたロースハウスは、壮麗なドーム状の入り口を誇っている皇帝宮殿とは対照的に、ひさしにさえ装飾がなく、それの簡素さは、古い町並みを破壊したかどでロースが誹謗を受けたほどである。[2] 二十世紀初頭のウィーン文化の消息に詳しいジャニクは、このような徹底して非装飾的な建物を作り上げたロースの意図を、つぎのように説明している。すなわち、「実用品を設計する原理は、純粋に事実的で、それが果たすことになる機能によって決定されているべきである」[3]、と。この説明に従えば、ロースが始めたモダニズム建築を貫いているのは、建築をわたしたちの居住にかんする実際の有り様に調和させようとする態度である。逆に言えば、ロースをはじめとしたモダニストが洞察したのは、皇帝宮殿のような過剰な装飾が二十世紀に生きるひとびとの暮らしに即していない、という事実である。

カルナップ自身が表明しているように、『世界の論理的構築』は、モダニズム建築に通底しているこうした態度と「内的な親近性」(LAW XV, 1928)がある。すなわち、カルナップがさまざまな感覚的な与件を所与に位置づけながら認知の進み行きを説明しようとするやり方に反対しているのは、その図式がわたしたちの認知の実情に合致していないからである。実際、カルナップはこう主張する。「いわゆるもろもろの個別的な感覚が抽象をとおしてようやく獲得されるということ」(LAW 92, 1928)は、「最近の心理学的な探査によってますますいっそう立証されている」(LAW 93, 1928)。とはいえ、わたしたちの認知の端緒がもろもろの感覚的な情報の受容にはないとしたら、認知は、いったいどのようにして始まるのであろうか。

そこで、本論では、まず、カルナップの言説に則りながら、わたしたちの知覚の働きを探査する。その探査をとおして明らかになるのは、知覚の能動的な局面である。つぎに、その結果を踏まえながら、わたしたちの認知にかんする原初的な所与を特定して、知覚の能動性を関係的視座から把捉する。最後に、この枠組みにたいして持ち上がってくる反論への応答をとおして、カルナップによる認知の把握の要締に迫りたい。

第一節　知覚の能動性

たとえば、わたしたちがある植物を見て、その種類を同定している場面を想定してみよう(LAW

138, 1928)。その植物を観察しているとき、わたしたちの手元には、ある一定の色とか特定のかたちとかといった、さまざまな視覚的な情報がある。わたしたちは、そうした情報をとりまとめたうえで、その植物の外形的な特徴を際だたせながら、それらがある植物種の徴表に合致するかどうかの確認を経て、当の植物の種類を特定している。わたしたちの一連の意識の過程をこのように追跡すると、ある植物を一定の種類に分類するという認知の端緒は、一見したところ、わたしたちが観察から引き出してきた、もろもろの知覚的な内容に限定できるように思える。

うえの枠組みで言えば、知覚が含む、ある色とかある音とかあるにおいとかといった、感覚的な情報は、認知のための原初的な素材としてある。すなわち、これらは、所与の位置にある。それゆえ、この理解のもとでは、知覚は、外界の事物が感覚器官を刺激して惹起させている印象を、たんにそのまま受容しているにすぎない。はたして、知覚の機能は、そのような受動的な作用に尽きるのであろうか。

カルナップは、開眼手術を受けたばかりのひとの行動に言及している（LAW 89, 1928）。カルナップに従えば、そのひとは手術によって視力を回復したにもかかわらず、かれのふるまいは、「光学的な印象が依然として距離のように与えられていないことを示している」（LAW 89, 1928）。上述した考え方に基づけば、もともとは盲目であった当の人物は、光の刺激が目に入ってくると同時に、その印象を距離感として知覚できていなければならないはずである。しかし、この場合、目が光を正常に受け取るようになっても、距離感は、かならずしも生起していない。だから、わたしたちはこう立言してもよい。認知の場面ではあたかも所与であるかのように思われている感覚的な情報は、実際には、所与としてわたしたちに与えられていない、と。それでは、わたしたちは、いったいどのようにして、そうした情報を獲得しているのであろうか。

カルナップに倣って、ある音をドミソの三和音として聞きとる事例について考えてみよう（LAW 98, 1928）。カルナップによれば、このような聴覚的な知覚の成立は、「当の音がわたしたちに知られている他の無数の音にかんしてもつ音にかんする親近性」（LAW 98, 1928）に依拠している。すなわち、当の音が耳に入ってきたとき、わたしたちは、その音の響きを契機にして、記憶に残っている多くの音のなかから、当の音に類縁的なもろもろの音を喚起している。

わたしたちは、つぎに、そのようにして選出した音を元にして、「音にかんして相互的な親近性をもつ音の集合」（LAW 98, 1928）を形づくる。言い換えれば、わたしたちは、思い起こしたそれぞれの音にたいして、それがどの音と類縁的で、どの音と類縁的ではないのかを判別していきながら、互いにたいして親近性をもつもろもろの音を見つけ出して、それらを一括りにする。カルナップは、そのようにして出来あがるみっつの集合をそれぞれつぎのように呼称している。すなわち、「みっつの集合、ドとミとソ」（LAW 98, 1928）、と。

いま聞いている音は、みっつの集まりのどれに帰属するかに応じて、異なる特徴を具備するようになる。たとえば、ドの集合にしか帰属できない音は、ドの音を保有しているけれども、ミの音もソの音も含んでいない。これにたいして、みっつの集合のいずれにも入る音は、ドの音もミの音もソの音も所持している。だから、耳元にある音をドの集まりにもミの集まりにもソの集まりにも分類できれば、当の音は、ドの音もミの音もソの音ももつ、という特徴を獲得する。カルナップは、ある音がドとミとソそれぞれの集まりに入っている状況をつぎのように記述している。すなわち、「みっつの異なる方向で、わたしたちは、当の音から別のもろもろの音へと、詳しく言えば、音の相互的な親近性をもつ音の集合の全体へと、進み続けることができる」（LAW 98, 1928）。それゆえ、ある音が特定の音の集合のあらゆる要素のそれぞれと類縁的であれば、その音はその集合の要素になれる。うえで述べたように、わたしたちは、これらみっつの集合のそれぞれに帰属している任意の音にたいして、その音を呼び起こしているときに、耳に入っている音との親近性をすでに確認している。かくして、カルナップはこう主張する。「当該の音がそれらみっつの音の集合に帰属しており、このことが、その音の三分性にかんする印象を規定している」（LAW 98, 1928）、と。

カルナップは、こうした一連の手順のなかに、「関連づけと比較」（LAW 92, 1928）という知覚の積極的な局面を見て取っている。耳元にある音と親近的なもろもろの音を思い出している場面を考えてみよう。そのような想起が成立するのは、わたしたちが当の音と記憶にある音と一定の類縁性を認めているときである。音の集まりを成形する場面では、わたしたちは、想起したすべての音のなかから互いに親近的なもろもろの音を掴みだして、「ドを含む」とか「ミを含む」とか「ソを含む」とかといったみっつの共通性を浮かび上がらせている（LAW 98, 1928）。そのためには、思い起こしたそれぞれの音にたいして、その音と残りのもろもろの音とを比べ合わせるという手続きがいる。このように、たしかに、わたしたちは、ある音を記憶のなかのもろもろの音に関連づけたり、音どうしを比較したりするという、能動的な営みを経て、ドミソの三和音にかんする認知に到達している。

第二節　徴表の関係的な理解

第一節の考究に従えば、ある音がドミソの三和音であるとわたしたちに分かるのは、その音がドの集合とミの集合とソの集合のすべてにそれの要素として帰属しているからである。第一節で述べたように、その帰属は、当の音がドの集合のあらゆる要素それぞれと類縁的であり、しかも、残りふたつの集合のあらゆる要素それぞれとも、同じように類縁的であるときに成立する。だから、カルナップにあっては、ある音をドミソの三和音として認めるための徴表は、その音と他のもろもろの音とが類縁的であるという関係的な事態である。とはいえ、なぜ、カルナップは、徴表をこのように理解しているのであろうか。

カルナップは、こう主張する。「音は、それの感覚的な所与性に鑑みれば」（LAW 98, 1928）、「統一的な全体であり、もろもろの成素からは出来あがっていない」（LAW 98, 1928）、と。すなわち、音にかんする感覚的な印象は、判明に区別できる諸部分をもたない統一体である。この見解に基づけば、わたしたちが聞いている和音の響きは、元来、ドの音とミの音とソの音というみっつの部分には分かれていない。それゆえ、わたしたちは、当該の音をドミソの三和音とみなすために必要などんな徴表も、その音の印象からは引き出せない。実際、カルナップはこう語っている。「ドミソの三和音を聞いているひとであっても、そのひとが以前に一度も音楽のべつの音を聞いたことがなかったとすれば、そのひとは、その和音をみっつの部分に把握しようとはまずしないはずである」（LAW 99, 1928）。それゆえ、わたしたちは、当の音をドミソの三和音として特定するための源泉をその音の印象とは異なるところに求めなければならない。

カルナップに倣って、「シュバルツバルトでもっとも高い山」と「フライブルクから東にかくかくキロメートルのところにある山」というふたつの表現を対比してみよう（LAW 16, 1928）。これらふたつの表現は、ともに、フェルドベルク山を指し示すためのことばである（LAW 16, 1928）。すなわち、前者の表現に則ると、わたしたちは、シュバルツバルトにあるすべての山の高さの大小関係を調べ上げて、そのなかでもっとも大きい山をフェルドベルク山とみなせる。その一方で、後者の表現に基づけば、フライブルクを基準にして、そこから一定の方角と距離にあるひとつの山がフェルドベルク山である。どちらの場合であっても、わたしたちは、フェルドベルク山が他の山々、あるいは、都市にたいしてもつ関係だけを手がかりにして、当の山の同定に至っている。この結果を敷衍して言えば、ある対象にかんする特徴づけは、「目下の対象が他の諸対象にたいしてもつ関係を申し立てる」（LAW 16, 1928）という、「関係の記述」（Beziehungsbeschreibung）（LAW 11, 1928）をとおして達成できる。

しかも、うえの事例のなかでは、わたしたちは、フェルドベルク山の特定にあたって、その山にもっぱら内属していると思われる情報に依拠していない。すなわち、「関係の記述」の観点からある対象を突き止めるこころみのなかでは、その対象の固有の性質にかんする知識は不要である。したがって、つぎのように結論してよい。物理的な音響的刺激だけではわたしたちは音を聞いていない。その刺激を音として認知するには、当の刺激が惹起する聴覚的な印象と、わたしたちの記憶に音として残っている表象とのあいだに一定の結びつきが産生しなければならない。つまり、わたしたちは、他のもろもろの音と「相対的」(LAW 11, 1928) に定まってくる性質をいま聞いている音の徴表とみなしているのである。

実際、カルナップは、わたしたちがある音をドミソの三和音とみなすための徴表である、ドの集合について、つぎのように強調している。すなわち、その集合は、「(音響的に言えば) ドを『含む』すべての音の相互的な親近性以外のなにものも意味しない」(LAW 99, 1928)、と。この言説に従えば、「ドを含む」という共通性の内実は、その集まりのなかのすべての音どうしが類縁的である、というところにある。

うえで見てきたように、音の印象は分割できないひとつのまとまりである。それゆえ、わたしたちは、いま聞こえている音の響きだけでは、その音がどのような音であるのかを特定できない。「関係の記述」の観点からすれば、当の音がわたしたちになじみのある他の音とつながって、その音の特徴がはじめて際立ってくるのである。これまでの論述に従えば、このつながりは親近性という結びつきである。それでは、なぜわたしたちは、ある音がべつの音に類縁的であると感じとれるのであろうか。

ドミソの三和音を聞き取る一連の過程を振り返れば、その過程の端緒は、物理的な刺激としての和音からその印象を受け取ったうえで、それとよく似ているもろもろの音を思い出す、という手順である。この場面では、わたしたちは、いま耳にしている音の印象と一定の音にかんする記憶的な表象とのあいだを親近性という結びつきでつないでいる。カルナップによれば、そのとき、わたしたちは、当の印象とそうした表象について、「部分的な同等性」(Teilgleichkeit)(LAW 101, 1928)を感じている。すなわち、聴覚が生起させている印象と記憶が喚起した表象とがなんらかの点で共通しているから、わたしたちは、両者の親近性を認めているのである。

第三節　部分的な同等性の本義

第二節の末尾で示したように、親近性のあるふたつの音は部分的に一致している。この理解に基づけば、わたしたちがある音をドミソの三和音と呼べる理由をこう説明できる。わたしたちが、当のみっつのことばが表示しているみっつの音の集合のそれぞれにたいして、いま聞いている音とのあいだに同じ部分を感知して、その音をそれぞれの集まりに帰属させているからである、と。すなわち、わたしたちは、みっつの集まりについては、部分的な一致関係を樹立できない要素をそれぞれの集まりに見出して、それらを異なる音としてたがいに区別しながら、しかも、そうした要素と当の音とのあいだに一定の共通点を見てとっている。

とはいえ、うえの枠組みにたいして、以下の反論を提起できる。耳に入ってきた音から生起してくる聴覚的な印象がドの集合のなかに入るためには、その印象がその集まりのなかの任意の記憶的な表象とある部分を共有していなければならない。すなわち、わたしたちは、両者がどのような点で同じであるのかを具体的に分かっていなければならない。逆に言えば、その印象は、ほかの表象とはかかわりなく、同等性を判定するための特徴をすでに内属させている。ところが、第二節で提示したように、「ひとまとまりの統一体」としてある音の印象は、カルナップ自身が指摘しているように、「成素も、徴表も、さまざまな局面も示さない」（LAW 94, 1928）。だから、わたしたちは、当の聴覚的な印象がどのような点で記憶的な表象と同等であるのかを限定できず、その印象をドの集合に帰属させるというもくろみは、失敗に終わってしまうことになる。この反論はつぎのように問いかけている。すなわち、聴覚的な印象と記憶的な表象との一致点をはっきりさせられないにもかかわらず、なぜ、わたしたちは両者を同じであると感じとれるのか、と。

しかし、カルナップは、こう主張する。ある関係Rが「対称的であり、かつ、反射的である」（LAW 97, 1928）とき、そのとき、「Rは、あたかも、ある成素の点での一致という意味をもっているかのようである」（LAW 97, 1928）、と。しかも、カルナップによれば、音の親近性は、「反射的であり、かつ、対称的である」（LAW 98, 1928）。これらの言説を踏まえれば、わたしたちが聴覚的な印象と記憶的な表象とのあいだに親近性を認めているとき、前節で言及した「部分的な同等性」の本義は、両者のあいだにある反射性と対称性とを感得するところにある。

カルナップの洞察にあるように、対称性とか反射性とかといった関係性は、関係の方向性だけに関わる「形式的な性質」（LAW 13, 1928）である。対称性は、たとえば、ある人物がべつの人物と「同年齢」であるとき、そのとき、後者の人物は前者の人物と「同年齢」であるような、関係の双方向性である

(LAW 13-14, 1928)。「同年齢」という結びつきは反射的でもある。すなわち、「同年齢」という関係は、ある人物は自分自身と「同年齢」であるという、回帰的な方向性を具備している(LAW 13-14, 1928)。それゆえ、こうした双方向性と回帰性を兼ね備えている「部分的な同等性」は、関係の成員のあいだを行き来したり、ある成員から出発してそれ自身に立ち返ったりする、二つの様態の往復運動を示している。カルナップのうえの主張に基づけば、ふたつの対象にこうした運動を認められたとき、わたしたちは、それらの「部分的な同等性」を感知するのである。

先述した反論が指摘しているように、ある音をドの集合のなかにそれの要素として組み入れるためには、わたしたちは、その音とドの集合に要素として帰属しているあらゆる音のそれぞれとのあいだに、「部分的な同等性」を見てとれなければならない。一見したところ、この看取のためには、当の音とその要素との一致点、別言すれば、「ドを含む」という共通性を、判明に捉えている必要があるように思える。しかしながら、うえで述べた理解に従えば、わたしたちは、ふたつの音の部分的な一致関係を関係の方向性として捕捉している。すなわち、ふたつの音のあいだにある関係が、どちらの音を起点にしてもべつのもうひとつの音に到達し、しかも、起点となったその音自身に戻ってくるとき、そのとき、わたしたちは、それらふたつの音に同じ部分があると認める。だから、カルナップにあっては、ふたつの音がどちらもドを含んでいるから、それらは部分的に同じであるのではない。むしろ、ふたつの音が一定の仕方で結びつき合っているから、両者はドを含んでいるのである。このようにして、ある音がドの音の集合にそれの要素として入るのは、その音が、当の集合に所属しているあらゆる音のそれぞれにたいして、対称的であり、かつ、反射的な関係にあるときである。

第二節で際だせたように、カルナップによれば、ドの集合の共通性である「ドを含む」の実質は、その集まりに所属しているすべての要素の親近性に他ならない。これまでの考察に基づけば、わたしたちがふたつの音のあいだに親近性を感じとれるのは、それらに「部分的な同等性」があるからであり、しかも、「部分的な同等性」は、対称性と反射性を併せもつ、二重の動態的な関係性である。したがって、上述のカルナップの見解は、つぎのように理解しなければならない。すなわち、わたしたちがもろもろの音からドの集合を形成できるのは、それらの音のすべてが双方向で、しかも、回帰的であるような結びつきのなかでつながりあっているからである、と。実際、カルナップは、それらふたつの結びつきの併存を「類似性」（Ähnlichkeit）（LAW 13, 1928）と呼称しながら、音の集合が「類似性の円」（Ähnlichkeitskreise）（LAW 98, 1928）であると主張している。

第四節　感覚的な情報の判別

第三節の論究を踏まえれば、わたしたちがもろもろの音をドの音の集まりとしてまとめているとき、わたしたちは、ドという音質を実体化して、それをそれぞれの音に内属させているわけではない。あるいは、もろもろの音を単離させて、おのおのにドという音質を看取しているわけでもない。すなわち、わたしたちは、それぞれの音がドを含んでいるという個別的な把握に立脚してはいない。むしろ、「ドを含む」という共通性を、もろもろの音からなる「関係的な組織」（LAW 83, 1928）全体から浮かび上がらせているのである。

ある音をドミソの三和音として聞き分けるためには、わたしたちは、「ドを含む」とか「ミを含む」とか「ソを含む」とかといった聴覚的な情報を知覚しなければならない。上述したように、それらの情報はみっつの音の集合が表示している共通性であり、そうした共通性の内実は、関係にかんする一定の方向性にある。だから、「ドを含む」とか「ミを含む」とか「ソを含む」とかといった聴覚的な情報がわたしたちに教えているのは、もろもろの音のあいだにある結びつきが双方向的でありながら、しかも、回帰的でもある、ということである。

とはいえ、こうした把握にたいしてつぎのように問える。すなわち、当のみっつの聴覚的な情報の内容が関係にかんする一定の方向性という同じ形式的な特質に尽きているとしたら、いったいなぜ、わたしたちは、それらを互いに異なるみっつの情報としてそれぞれを判別できるのであろうか、と。この問いに応答するためには、関係をそれの方向性から捉える枠組みに準拠しながら、音の集合を形成する場面に立ち返って、みっつの音の集合のそれぞれの違いがどのようにして立ち現れてくるのか、その点をはっきりさせなければならない。

カルナップはこう主張する。「わたしたちがおよそ星々に気が付いているのならば、わたしたちは、それらを一定の位置で気が付いており、だから、そのときには、距離とか図形とか関係とかが必然的にともに与えられている」(LAW 224, 1928)。この言説に従えば、記憶のなかからもろもろの音を呼び起こしているとき、わたしたちは、すでに、それらのあいだにある、双方向的でありながら、しかも、回帰的でもあるという、「類似性」の結びつきを感知している。カルナップによれば、わたしたちは、その感知をとおして、それぞれの音が互いにたいして類似的であるような、一定の音のまとまりを発見するに至る(LAW 98, 1928)。そのような音の集まりがカルナップの言う「類似性の円」である(LAW 97, 1928)。

第三節で明らかにしたように、わたしたちは、ふたつの音のあいだに「類似的」な関係を認めると、両者に部分的な一致関係を感じる。だから、「類似性の円」にかんするうえの規定を踏まえれば、いま見いだしている「類似性の円」のなかにあるすべての音は、同じひとつの音を共有している。その共通の音に、たとえば、ドという名前を与えたとしよう。すると、わたしたちが当の「類似性の円」から浮かび上がらせているのは、「ドを含む」という共通性である。この共通性に鑑みれば、その「類似性の円」に入っているあらゆる音のそれぞれは、ドを含んでいる音である。だから、わたしたちは、それらのすべての音を親近性という結びつきで関連づけて、そうした音の集まりをドの集合として見なせる。このように、わたしたちは、「類似性の円」を、「それのもろもろの要素が所持している共通の性質として把握している」(LAW 97, 1928)。

カルナップは、音の集合を「可能なかぎり大きな集合」(LAW 96, 1928)として特徴づけている。すなわち、ドの集合は、それの要素となれる音をすべて汲み尽くしている。第三節の考察に基づけば、ある音が特定の音の集合のなかにそれの要素として入るのは、その音がその集合のすべての要素と「類似性」の関係にあるときである。だから、カルナップの指摘にもあるように、ドの集合の外部には、その集合のあらゆる要素のそれぞれと「類似的」な結びつきにある音は「存在しない」(LAW 98, 1928)。しかも、うえの論述に従えば、わたしたちが「ドを含む」という性質をある音に付与できるのは、その音がドの集合の要素であるからである。逆に言えば、ドの集合のなかにそれの要素として入れないもろもろの音は、ドを含んでいない。したがって、わたしたちは、ドを含んでいない音をつぎのようにして特定できる。すなわち、ある音がドの集合に所属しているすくなくともひとつの要素と「類似的」な結びつきにないとき、そのとき、その音は、ドを含んでいない、と。

ドを含んでいないもろもろの音をそのようにして特定しているとき、わたしたちは、それと同時に、そうした音が他のどの音と「類似性」の関係にあるのかを捉えている。その看取を手がかりにして、わたしたちは、ドの集合の場合と同じように、当のもろもろの音が帰属している「類似性の円」を見つける。その「類似性の円」のなかにはドを含んでいない音が存在しているから、当の「類似性の円」が音の集合として表示している共通性は、「ドを含む」とは異なっていなければならない。その共通性に「ミを含む」という名前を与えたとしよう。すると、この「類似性の円」はミの集合である。さいごに、わたしたちは、これまでのやり方と同じようにして、ドの集合にもミの集合にも所属していない残りのもろもろの音を、ひとつの「類似性の円」のなかに位置づける。それが際立たせているのは、「ドを含む」とも「ミを含む」とも異なる、第三の共通性である。その共通性をソとして指定すれば、当の「類似性の円」はソの集合である。このようにして、わたしたちは、思い起こしたもろもろの音をみっつの異なる音の集合に仕分けているのである。

おわりに

本論では、わたしたちの認知の実相を、類比的な関係性の相対的な把握として析出させた。

本論が明らかにしたように、わたしたちの認知の端緒は「分割不可能な統一体」（LAW 103, 1928）としての印象である。このような出発点からさまざまな感覚的な情報に行き着くのは、一見したところ、「不可能であるように思える」（LAW 103, 1928）。しかし、このような不可能性は、印象から直接的に感覚的な情報を受容するという、受動的な知覚理解を下敷きにしている。本論の解析に従えば、そうした想定に反して、知覚は、いま感受している印象を一定の記憶的な表象に関連づけたり、そうした表象のそれぞれを互いに比べたりしながら、能動的に働いている。本論は、関係をそれの方向性から捕捉する見地に立って、知覚のそうした働きの基底をつぎのように露わにした。すなわち、受けとった印象に類縁的なもろもろの記憶的な表象の喚起と、そうした記憶的な表象のなかのどれとどれが同じ部分を共有しているのか、あるいは、していないのかの識別を下支えしているのは、ふたつの対象のあいだにある関係が互いを行き来しながら、一方の対象からそれ自身に立ち戻るという、「類似性」の感知である。

現代の英米哲学の礎を築いたクワイン（W.V.O.Quine, 1908–2000）によれば、カルナップが『世界の論理的構築』で果たそうとしている企ては、「自然の真理に直接的な経験がもつ十全な権威を授ける」[4]ことである。たしかに、カルナップは、印象という、わたしたちの認知の発端である感覚的な所与にまで遡ったうえで、その地点から、当該の認知をたどり直そうとしている。しかし、これまで本論が獲得してきた視座に依拠すれば、そのこころみのねらいは、認知のそうした所与への「還元」[5]にはなく、むしろ、つぎのところに求めなければならない。すなわち、どのような特徴も示さない所与としての印象から出発して、いったいどのようにして、個別的な感覚的な情報にたどり着けるのか、この問いの究明である。

カルナップの指摘にもあるように、わたしたちは、みずからの認知が他の主観にとっても到達可能であることを示すために、その認知を「知覚と比較できる」(LAW 139, 1928) ようにする。たとえば、ある音をドミソの三和音として聞き分けられたとき、わたしたちは、自分が聞いた音をなんらかの手段で他のひとびとにも聞かせて、みずからの当の認知を他の主観と共有しようとする。

このこころみは、わたしたちが獲得しているもろもろの感覚的な情報に他の主観も同じように到達できるという前提に基づいている。とはいえ、カルナップが「哲学における疑似問題」("Scheinprobleme in der Philosophie," 1928) という論文のなかで指摘しているように、その前提は、通例、「実際的に採用されている」[6]にすぎない。逆に言えば、わたしたちは、なぜ、感覚的な情報にかんして間主観的な一致が成立するのか、理論的な基礎づけが欠如したまま、認知の共有を行っている。

感覚的な知覚を「類似性」の感知から説明しようとする視座は、当の前提のための理論的な基礎をつぎのように提供できる。すなわち、わたしたちの知覚を成立させている「類似性」は、わたしたちの経験の「構造」(Struktur)(LAW 13, 1928)であり、しかも、「構造的な性質は、あらゆる体験の流れで一致する」(LAW 91, 1928)。別言すれば、わたしたちが知覚している感覚的な情報が間主観的に妥当するのは、そうした情報の内実である「類似性」がわたしたちひとりひとりの経験を貫いている、共通の準拠枠であるからである。だから、カルナップ研究者であるアラン・リチャードソンが指摘しているように、カルナップによる間主観性の理解を支えているのは、「経験のあらゆる流れにはある共通の形式があるという着想」[7]であると言えるのである。

しかし、そのリチャードソンにしても、なぜ、カルナップが当の着想でもって感覚的な知覚の間主観性を保証しようとしているのか、その意図を解明できていない。カルナップによれば、認知を一定の知覚に結びつけるわたしたちのこころみには、その認知を「正当化」(rechtfertigen)するというねらいがある(LAW 139, 1928)。この言説に従えば、『世界の論理的構築』のなかでカルナップが与えている、認知の成り立ちにかんする説明は、認知の「正当化」という脈絡のなかで捉えなければならない。それでは、カルナップの言う「正当化」の内実は、いったいなにであろうか。本論の視角からこの問いに答えることが、つぎの課題として浮かび上がってきているのである。

註

1 Rudolf Carnap, *Der logische Aufbau der Welt*, 1928, Hamburg: Felix Meiner Verlag, 1998. 本著作からの引用と参照にかんしては、本著作をLAWと略記し、該当箇所の頁数を示して、出版年(1928)を

併記する。

2 Adolf Loos, *Sämtliche Schriften, Vol. 1.* Vienna: Verlag Herald, 1962, S. 300.

3 Allan Janik and Stephen Toulmin, *Wiittgenstein's Vienna*, NY: Simon and Schuster, 1973, p.99.

4 W.V.Quine, "Epistemology Naturalized," 1969, Roger F. Gibson, Jr. ed., *Quintessence: Basic Readings from the Philosophy of W.V. Quine*, Cambridge, Massachusetts: The Belknap Press of Harvard University Press, 2008, p.263.

5 W.V.Quine, "Two Dogmas of Empiricism," 1951, Roger F. Gibson, Jr. ed., *Quintessence: Basic Readings from the Philosophy of W.V. Quine*, Cambridge, Massachusetts: The Belknap Press of Harvard University Press, 2008, p.48.

6 Rudolf Carnap, "Scheinprobleme in der Philosophie," 1928, Thomas Mormann, hrsg., *Scheinprobleme in der Philosophie und andere metaphysikkritische Schriften*, Hamburg: Felix Meiner Verlag, 2004, S. 15.

7 Alan W. Richadson, *Carnap's Construction of the World*. NY: Cambridge University Press, 1998. p.28.

 雑文

『ニーチェb』『ニーチェ1』の補足

 雑文

『ニーチェb』『ニーチェー』に関して本音を語る残念な蛇足・短い足篇

一

二〇一二年に『ニーチェb』、二〇一四年に『ニーチェ1』という本を出しました。基本的に、ニーチェに関する論文集です。本書は、いわばシリーズ三作目です。

なんでもそうですけれど、特徴というのは長所でもあり短所でもあります。足が速いのは常に長所ではなくて、普通の走力ではたどりつけない危険に飛び込んでしまう短所でもある（西尾維新的な発想ですが）。論文の客観性というのも同じで、客観的であろうとすればするほど、主観的にはなれなくなる。でも、どうですかね。客観性を欠いた真理は信用できないのと同様に、主観性を欠いた真理も信用できなくないですか。誰にとっても正しいとは、誰にとってもどうでもいいと紙一重です。そんなわけで、論文は、入口のない世界を展開する可能性があるのです。つまり、学生流に荒っぽく言えば、つまんない、とか、わかんない、という感想を頂戴しがちな世界です。

もちろん、その対策として、学問の世界には、論文と並んで、その世界への入口を作る啓蒙書というものがあるわけです。が、これも近年では、論文と同程度に、つまんない、とか、わかんない、と言われてしまう。さて、どうするか。いいアイデアなどないのですが、それならいっそ、論文の著者である私の主観を思い切り付け加えてみたらどうか、と思ったのです。学問世界の入口を作るなどは学問の足りない私には無理ですが、私自身がどうやって入口を通ってきたかは、体験なので語れるはずです。そしてそれは、論文集という時間感覚の希薄な議論空間で論じられたニーチェに関する真理に、主観的な時間と空間を補完する作業でもあります。

シリーズ三作目の「転」として、本書が目指したのは、ニーチェ研究の特殊な空間の周囲に広がる、具体的な出来事を召喚する試みです。つまり、本書の内容は、ニーチェにとっての周辺的出来事と、そして、解釈者という周辺的出来事についてです。

二

繰り返すと、二〇一二年に『ニーチェｂ』、二〇一四年に『ニーチェｌ』という本を出しました。基本的に、ニーチェに関する論文集です。

両タイトルの「ｂ」と「ｌ」にはたいした意味はありません。各書の「はじめに」に書いたとおりの理由でｂとｌなわけです。が、『ニーチェｂ』の「ニーチェにあまえて―あとがきに代えて」で示唆したように、両著を合わせてｂｌであることは、執筆当時から意識していました。ＢＬ、つまりボーイズラブ。もっとも、さらに本を出せるようなら、ａエトセトラと続けるつもりでした。だから、ＢＬとの絡みは、一時的な偶然とも言えます。

ちなみに、小文字にした理由は本当にたいしたことがない。ｂはＢよりかわいいから、ｌは数字の１に似ているからです。

『ニーチェａ』は、実はほとんど執筆済みです。というのも、その内容は、博士論文とその補遺になる予定なので。あとは序と謝辞を書いて完成です。まあ、大学を退職するときに、定価一万五千円くらいで記念出版したいと思います。

本来は、スピノザの『エチカ』のような、世界を一書に封じたような本が好きなのです。だから、bとかlとかaとか、さらにはcとかkとかではなく、『ニーチェ』という箱入りの一冊を書きたかった。で、晩年には弟子たちに、先生是非もう一冊とか懇願されて、一門編集の『続ニーチェ』とかを、「若い人たちの熱意に負けて」出したかった。もちろん、弟子とか一門とか、そんなものは近代文学的なノスタルジーのなかの虚構です。現在大学の先生は、国を知性でナビする特権階級的な教育者から、教育サービス業のフロア担当へのジョブチェンジの最中にあります。私は、教育商品の売り子としての仕事の効率化のために、二冊の本を出しました。ノスタルジーに浸っている場合ではない。三冊目も売らないと。

三

『ニーチェb』所収の論文の執筆年は、補論が九十年代前半で、あとは世紀末からゼロ年代初頭です。運命愛に関する最初の論文と最後の補論が同じ内容の別表現となっているはずなのですが、今読むと重要な概念が変質していますよね。「来ること」が、「なる」という出来事」に変わっています。この違いは大きい。来る、は自己に襲来する他者に焦点があるけれど、なる、はその襲来による自己の変化に焦点がある。全体として、他者が来ることで自己になる、つまり、他者への開放性によって運動体としての自己が生き続けられる、というようなことが頭にあったのでしょう。博士課程後期に進学後、教育哲学的な学習テーマを与えられていたことが影響しているかもしれません。生きることは成長すること、といった思考パターンにはまっていたかも。もっとも、ニーチェ主義も似たパターンにはまりますよね。力への意志とか超人とかにこだわるときには。本来的に生きることとは自己を常に拡大することであり、人間に生きる価値があるのは、純粋な生の体現である超人への進化の過程にあるからだ、とかね。

個人的には、成長も進化もあまり好きな概念ではありません。ややこしすぎるので。変化でいいんじゃないですかね。テストで常に三〇点しか取れなかった少年が八〇点取れるようになるのは、たんに「三〇点を取る少年」から「八〇点を取る少年」に変化しただけですよね。それを「成長した」と言うためには、八〇点は三〇点よりもよい、という価値観を受け入れねばなりません。でも、なぜ? この価値観を受け入れるためには、条件が要る。例えば、そのテストが少年の人生の目的と関わっているとか。現代では、頭が良くなることはいいことだ、という近代的な常識が機能不全の状態です。だから、国家試験に受かりたいとか先生にほめてもらいたいとか問題を解くのが趣味だとかの、個々人の意欲が大事になる。個人の事情を考慮せず、八〇点を取れて少年はよりよい存在になった、なんて簡単に言えちゃう先生は、空気読めなさすぎです(空気読んでもあえて高得点はよいという価値観を押し出すのは、アリですが)。昔も、スポーツエリートたちは、テストの点なんか気にしてなかったですよね。逆に、受験エリートは、体育の五〇メートル走のタイムなんて覚えていないのでは。

なるほど。つまり、どの変化を成長や進化とみなすかが、人の個性を決めるひとつの要因となるのですね。なるほどなるほど。今気づきましたよ。今まさに、この発想が来てこの発想を知る者になりました。

四

『ニーチェⅠ』所収の論文の執筆年は、最後のが九十年代半ばで、あとはゼロ年代から十年代初頭です。ニーチェの思想が展開した時系列の順に論文を配してあります。ニーチェ哲学の出発点から始まるのでわかりやすいかなあと思ったのですが、うーん、そうでもないみたいですね。この本を読む前に、簡単な哲学入門とニーチェ入門が必要なようです。最近の学生さん、まじめなんですよね。ステップアップという正当な手順を踏みたがる。私が学生の頃は、初めに翻訳原典を読んでいました。まったくわからないけれど、それを確認してから友人にばれないようにこっそりと入門書を読みました。

ああそうか。昔の学生のほうが見栄っ張りなんですね。エリート意識があったんでしょう。実際、大学生の数も少なかったし。もっと昔の大学生となると、原書原典を読んでいたのかな。いや、読んでいるフリをして、こっそり翻訳を見ていたんですかね。で、町に一人の大学生しかいない大昔となると、本当に原書を読んでいた、と。だって、翻訳ないですしね。いや、昔の人はエラかった。私もいずれ、ラテン語で講義する本物の大学の先生になりたいものです。いや、現代日本では、ラテン語で話すような教養ありすぎの先生は、逆にクビですかね。

『ニーチェb』『ニーチェⅠ』に関して本音を語る残念な蛇足・長い足篇

以下は『ニーチェb』『ニーチェⅠ』の各論文に、基本執筆順にコメントをしていきます。いわば、蛇足の各論ですね。

一 『この人を見よ』の語り手である「私」はどのようなあり方をしているのか―来ること、肯定すること／また、どのような性質を持っているのか―宥和的、創造的、利用不可能性（『ニーチェb』所収）

大学時代に一番よく読んだ本は、西尾幹二訳のニーチェの『この人を見よ』でした。西尾については、当時も今も特になんの印象ももっていません。独文畑の普通のニーチェ研究者だと思っていました。テレビでお見かけするようになってからだと、西尾訳で読む気にはならなかったでしょうね。でも、そうすると今の私があるかどうかわからない。手塚富雄訳も、川原栄峰訳も読んだのに、西尾訳を卒論のメインテクストにしたのは、なにかピンと来るものがあったのでしょう。それがなんなのかは、いずれ考察してみたいですね。

『ニーチェb』の「補論」は、西尾訳の『この人を見よ』を解釈した卒業論文です。論文の最初に、すごいことを言っている。ニーチェなどには興味がない、興味があるのは『この人を見よ』の語り手「私」だ、なんてね。元気だねえ、溝口君、なにかいいことあったのかい、という感じですね。それまでの人生で一番のフルスイングです。私が学部生の頃は、文学部の学生にとって、卒業論文はかなり特別な存在でした。書かないと卒業できないのだから当然そうなのですが、そんな制度を越えて、自分を試し大人（先生）に挑戦する通過儀礼という感じもありました。青春の総決算みたいな。そして、高飛車に、あの教授はレベルが低い、とか言っていた若造の、正味の力が露にされてしまう。『構造と力』（浅田彰）くらいならボクにも書ける、とか、『ノルウェーの森』（村上春樹）なら泥酔していても書ける、なんて言っていたのに、出来上がったのは高校生の夏休みの宿題レポートと変わらない程度のもの（四回生の夏休みにほぼ完成しました）。卒論は、すぐれた教育装置です。短期間で、おのれを知り大人になる。知的なバンジージャンプですね。この補論も、そんな若造の力の入った作文です。

しかし、長いタイトルですね。一九九三年、日本のポップス界では長いタイトルの曲がヒットしていた。ビーイング系の「愛のままにわがままに　僕は君だけを傷つけない」（B'z）とかですね。J-POPという言葉が浸透し、Jリーグが発足した年です。でも、古来より哲学書のタイトルは、長いものも多い。デカルトの超有名本『方法序説』のフルネームは、「理性をよく導き、もろもろの学問において真理を求めるための方法についての序説」、です。だから、長いタイトルも伝統的な作法の一つなんですよ。まあ、これは後知恵ですが。ボク（当時の私）は、タイトルで、結論の要約を表現しようとしただけです。タイトルだけで内容がわかるなんて経済的でクールだと思っていました。

本文中に出てくる、来ることとか、インスピレーションとか、啓示とかが、ボクの関心の中心を示すキータームです。真理を主観が見出すのではなく、真理が主観に来るという発想に、ボクはとりつかれていました。来る方向がポイントですね。ボクの荒い理解では、外部のものが主観に来るなら経験論の類いだし、主観が外部に行くなら観念論の類い。主観が外部を作った上でその作られた範囲の外部に行くなら超越論的な観念論。でも、この理解だと、そもそもなんで主観が認識をするのかがわからない。だから、真理は主観を認識へと駆動させるものであって欲しいなあ、とボクは思っていた。で、経験論の類いに戻ったわけです。主観に来る外部のものは、感覚や知覚や印象ではなくて、ボクたちを突き動かすもの、ボクたちを支配するものだ、そして、それこそが真理の名にふさわしいものだ、とね。

猥雑な例で申し訳ないが、ボクはつまりこう考えていた。精神が赤とかビキニの印象を集めて赤いビキニを認識するのでも、赤とかビキニの観念を外化したうえで赤いビキニを認識するのでもなく、赤いビキニという真理が精神にやって来て赤いビキニを認識するようにボクを使役するのだ、と。この発想が、健全で平凡な若い男性のフロイト的症例であることを、若くない今の私は認めます。ボクは、『知性改善論』（スピノザ）や『知覚と動くもの』（ベルクソン）からの発想だ、と威張っていましたが、そんな高尚なものではないですね。赤いビキニが真理だなんて、青年マンガの哲学です。

卒論は、当時の雑多な大学生文化が入り込んでいて、当事者の私には学生時代の総括みたいに思えます。でも、よく見ると、その後の論文の種（というかネタ）が散見される。最高の肯定（運命愛）とか、大いなる健康は、単独の論文のテーマになりました。『この人を見よ』の語り手「私」のあり方の利用不可能性なんかは、かなり思い入れのある論文のテーマになりましたね。

二　価値転換者としてのニーチェ（『ニーチェ1』所収）、逆転したプラトニズムと価値転換の意義（『ニーチェ1』所収）

前者は修士論文で、後者は博士課程後期時代の論文です。後者はかなり論文書きに慣れた時代のもので、うまくまとめられていますね。でも、ちょっと内容が多いかな。前者は、まだ学会の常識とかを気にしない時期のものなので、卒論同様、今読むとデタラメでおもしろい。もともとはきちんと文献実証的に議論する論文でした。博士課程前期の三年目の夏にはほぼ完成していた（つまり留年一年目ですが、当時はそれが普通でした。ルールどおり二年で修了する人はほとんどいませんでした）。でも、規定の分量の二倍以上ある。やむなく自分の原稿を要約するという手順で完成しました。だから、ニーチェの研究なのに、ニーチェに語らせずにボクが語ってしまっている。反則ですね。事項註の量にも注目です。この量は、ほとんど補論並みですよ。これも反則です。

どこかで書きましたが、この修論の作業中に例の一九九五年が存在し、日本の文化状況は完全に変わります。で、八十年代が好きだったボクは新しい文化に興味を失い、ニーチェに関するものだけを読む、修業時代に入ります。

両論文のテーマである価値転換は、後期ニーチェの大きなテーマです。ニーチェは、初期のメタファー論でも中期の歴史哲学でも、世界変革の可能性を論じています。しかし、価値転換は、そうした理論ではなく、実際の世界変革のシミュレーションであり、実験です。これが結構大変な作業になるんですね。まずは敵をはっきりと認識しないといけない。彼の場合、敵は既存の世界全体ですから、世界とはなにかを論じねばならない。普通世界ってぼんやりとしか理解されていないものです。それをデカダンスとか、ニヒリズム、力への意志、生、等々のタームで明瞭に規定しようとする。しかも、その規定から、既存の世界が滅んだあとの新世界の規定が推量されねばならない。ニーチェは、アフォリズムの作家ですが、この辺の作業に関してはねちっこいです。『道徳の系譜』がめずらしく論文形式なのも、そのねちっこさの表れかもしれません。ニーチェのコメントをまとめていくと、論文「価値転換者としてのニーチェ」の註「48」や論文「逆転したプラトニズムと価値転換の意義」の註「9」に書いたような、彼の観点からの世界史の概略が見えてくる。おもしろいですねえ、ニーチェは、世界史を書き換えようとしているのですよ。

註といえば、論文「価値転換者としてのニーチェ」の註「13」のグールドの解釈したダーウィンの自然淘汰説も、好きな話です。多量に多様に生まれて環境が生き残るものを選ぶという理論です。生存への意欲とか子どもへの愛だとかの、主観的なもの・センチメンタルなものを排除した点がすばらしい。ニーチェには、進化論的な発想もダーウィンへの批判も両方あるのですが、けっこうねじれていて整理するのが難しい。このねじれが、ニーチェの超人概念の難解さの原因の一つです。超人論は論文「誘惑と自己教育」で教育論として触れたテーマですが、進化論の亜種としても解明してみたいですね。「超人(Übermensch)」、つまり英語で「スーパーマン(superman)」というのは、バカバカしいネーミングですが、やっぱり興味深い。今は英語圏でも「オーバーマン(overman)」と訳するみたいですが。

超人概念は価値転換論の重要なポイントでも現れます。価値転換は、今ある価値秩序から別の価値秩序への転換ではありません。つまり、価値秩序に基づいて構築されるものを世界と呼ぶなら、価値転換は今の世界から別の世界への転換ではない。別の世界なんて今の世界をもとにした人間の推論や想像の産物にすぎません。別の世界はまだ、今の価値秩序の発展形です。したがって、人間が考えつくすべての世界からの脱出でないと今の世界の完全な転換にはならない。この場合、完全な価値転換とは、人間的な価値観の完全な自己克服です。そんな価値転換を可能にするのは、世界の内に存在する人間ではない。どんな世界にいても常にその世界の外部に自分を開くという幽霊みたいな有り様のもの、すなわち、世界の内側にいて同時に外側にいるみたいな、あるいは端的に、世界に存在しつつ存在しないみたいな、そんな有り様のものです。そんなものは、神は死んでいて天使もいないとなると、超人とでも呼ぶしかないですよね。

このように、価値転換は超人概念を要請します。でも、超人って、人間を超えたものにつけた記号ですから、超人「概念」と便宜的に書いてきましたが、正確には概念ではない。だって意味をもたない、いや、ギブアップの情動を意味する、諦めのネーミングですから。哲学界の有名な決めゼリフ「語りえぬものについては、沈黙せねばならない」(ヴィトゲンシュタインの『論理哲学論考』の「7」)を援用して、ニヒルにカッコつけたいところです。しかし、ニーチェは、そして私もボクも、歯切れの悪い超人への言及をやめないわけです。気になるんですから、沈黙などできない。自分で、人間にはわからないと定義しておいて、なんとか理解への抜け道を探そうとする、この姑息さ! 知りたい、それも、この目で見るように超人の世界(いや超世界)を知りたい、と、私もボクも(おそらくニーチェも)、渇望するのです。アリストテレスが『形而上学』の最初に言うとおりです。私たちは、残念ながら、生まれつき知ることを欲する人間なのです。

修論の最後のほうは、著者と読者の政治的駆け引きの話です。今から思えば、ニーチェの読者論は、もともと文学青年であったボクが哲学の研究者になる岐路に現前すべくして現前してきたテーマです。もちろん読者論という分野が、哲学やニーチェ論にあったわけではない。便宜上、ニーチェにしばしばみられる、読む・書くに関する言及を、読者論と呼んでいるだけです。完全なる読者という言葉に、ボクは惹かれました。読者キャラにおける完全形態。なんだかとても強そうです。強くてカッコいいが、悪役の雰囲気もある。生活の中心が読書である人間としては、どんな存在か気になるじゃないですか。なにしろボクがもっとも強くなった姿ですよ。

修論の「第三章　第一節　価値転換者の価値尺度」には、執筆当時から不満がありました。予定でははっきりと、ニーチェ自身の価値尺度の表か公式が完成するはずでした。しかし、ボクの文献実証の能力ではそこまで議論を持っていけなかった。「第一章　受動性と運命必然性」も不満でした。が、こちらは、論文「ニーチェの「運命愛」における「運命」の意味」で気持ち的にはうまく補完できました。

修士論文の仕上げの時期は、父の遊び部屋があった湯河原にこもって、夏の夕暮れの海岸を散歩しながら、卒論以来の宿題を片付けてボクは世界に旅立つのさ、なんて思っていました。しかし、新しい不満が出てきて、結局ボクは大学に残ります。そして、旅に出るのと同様の、しかしおそらくは別種の、様々な経験をして私になるわけです。

〈蛇足の蛇足〉

…と言うと、ボクと私とは、はっきりとした境界線で区別された別人格みたいですが、卒論、修論、博論から今現在までを通底している問題意識もあります。それは、例えば、エドワード・ヴァン・ヘイレンの一九九六年のインタヴューでの、次のような発言の扱い方についてです。

僕から出てくる音楽は僕に与えられたものなんだ。自分が書いたとは言えない。僕は単なる媒介としての道具にしか過ぎないんだよ。神…あるいはどう呼んでもいいけれど、上の方かその辺にある何らかの力が、僕にそういうものを送ってくるんだ。［中略］。／一体どこから曲のアイデアが浮かぶのかと皆に質問されるんだけど、未だに僕にはその答えが分からない。という事は、アイデアや音楽というのは、やはり何者かから与えられているものと考えざるを得ないんだよ。（『ヤングギター［インタビューズ］エドワード・ヴァン・ヘイレン』、株式会社シンコーミュージック・エンタテイメント、二〇一五年、二四〇頁と次頁）

私は、いやボクは、かつてこのインタヴューの載ったヤングギター誌をもっていて、今と同様に引用してゼミで発表しています。そして、私もボクも、この発言への違和感をめぐって、二つの軸のあいだで揺れているのです。一つは、『この人を見よ』の啓示、もう一つは『アンチクリスト』の聖なる嘘。あるいは、一つはインスピレーションの純粋な創造性、もう一つは宗教的な政治性。偉大なロックミュージシャンの改心を、どう受け取ったらいいのか、私には本当にわからない。

エディはこの頃断酒のためにセラピストにサポートしてもらっています。その影響で、妙に宗教的な言い方を覚えたのかもしれない。たぶん彼が表現したかったのは、彼が若い頃から経験していた、次のような事態です。

何はともあれ、僕の場合は「作曲しよう！」として作る事はないね。大概ギターかピアノ／キーボードを、頭をからっぽにした状態でプレイしている内にふっと閃いてくるんだ。正直言って「インスピレーションが湧き上がる時」なんて自分じゃ全く分からないんだよ。いつも何気なくやっている内に出て来る。

（同上、一三二頁）

これは一九九一年のインタヴューです。さらに若い頃のインタヴューでは、音楽理論も演奏技術も忘れてロックするだけだぜ、という音楽への姿勢が率直に表現されています。こんなハッピーなミュージシャンのロックな生活スタイルが、場合によっては、一九九六年のインタヴューのように、神の実在の話につながってしまう不思議さ。エディ自身には、自分が変わったという意識はないかもしれない。でも、やっぱり、なんか奇妙ですよね。

〈蛇足の蛇足の蛇足〉

創造の起源に関する議論は、なかなか繊細です。ニーチェのインスピレーション概念に関する私の議論でも、奇妙な事態が起きている。本稿「短い足篇」でも触れましたが、卒論の頃は、来る、に置いていたはずの重点を、私は無意識に、なる、に置き直しています。そのことに、この原稿のために『ニーチェｂ』と『ニーチェ１』を読み返すまで、私は気づきませんでした。私は今に至るまで一貫して、同一の対象についていて論じているつもりでいました。すなわち、なにか自己に統御できないものが外部から自己にやって来て自己が新しい自己になる、という出来事としてのインスピレーションです。が、時間とともに議論は微妙にずれていった。そして、たぶん、そのずれていくこと自体を明確に規定するための議論も、パフォーマティヴにずれていくんでしょうね。自分の理性を自分で統御できていないのは、なんだか気持ち悪い状態です。そう感じるのは、私が近代人だからでしょうか。

三　ニーチェの「運命愛」における「運命」の意味（『ニーチェｂ』所収）

「運命愛について」というのが、私の学会デビュー論文のタイトルです。この頃はギリシア・ローマの古典に惹かれていて、「について」がカッコイイと思っていました。運命愛に関しては、その後もいくつか原稿を書きました。この論文は、運命愛をテーマにした最後の論文です。つまり、一連の研究の区切りです。運命愛を、運命によって選別される運命への愛、と規定することで、卒論以来の不満の一つが解消されました。もちろん、書いて納得できた、というだけであって、運命愛が解明され尽くした、ということではありません。哲学は思考の結果ではなく、常に思考の過程ですから。

運命愛は、ニーチェ哲学の精髄です。だから、この言葉の理解の仕方で、ニーチェ哲学への適性がはかられる。もっとも、ニーチェを理解しなければならない理由なんて、人間にはないのですがね。

運命愛とは、俗に言ってしまえば、世界肯定、世界受容です。世界の好きな面だけではなく嫌な面も受け入れる。その世界には自分自身も含まれます。ですから、ややこしいことになる。世界をそのまま受け入れるからには、なにかを否定する自分も受け入れなければならない。しかし、否定されるなにかも世界の一部です。運命愛の境地では、人は敵を否定し同時に肯定する。彼は、こう言わねばならない。すなわち、オレはおまえが嫌いだ、おまえを否定する、おまえの存在を抹殺したい、でもオレをオレは肯定する、おまえを嫌うオレが存在するために、オレがオレであるために、オレはおまえの存在を肯定する、と。これってどうなんですかね。理屈ではありうる気もしますが、インチキくさい悟りにも見える。念仏しつつ人を殺すみたいな。今の私が思うには、なにものをも否定しない存在にしか、運命愛の境地の体得はできないのではないでしょうかね。人間的な運命愛なんて、本当はありえない。運命愛は、超人の見る風景を示唆する思想じゃないかなあ。

運命という言葉に、甘いロマンスの響きがあるのがまた困るのです。そんな人間の恋バナとは隔絶した理念なんですがね。そう、概念ではなく、まさに理念。人間の認識能力では手に負えないなにかを含むものです。世界を肯定することしか出来ない存在の心って、どんなものでしょうか。それとも、心なんてものは、超人にはそもそもないのですかね。でも、それって、どういう状態なんでしょうか。人間にすぎない私には、うまくイメージできません。しかし、是非ともイメージしたい。就活のエントリーシート的に言えば、超人を理解するというのは、私にとってチャレンジングな目標なのです。

四　ニーチェ思想の理想主義的利用の条件について（『ニーチェb』所収）

これは思い入れの深い作品です。私からボクへのオマージュと言いますか。私のなかの八〇年代的なもの、文学部の学生的なものへ感謝を述べ、お別れを告げた作品ですね。遠近法主義の自己言及性の問題などは、学部生の頃に、自由主義の矛盾の問題として、たびたびレポート等に書いた懐かしいテーマです。本質的には、この問題は未解決で継続審議中のはずなのですが、今では、問題自体がノスタルジーの一部に感じます。

後知恵ですが、今から思えば、デリダの次のような発想が、この作品の中心テーマなのです。

しかしながら、この円環を半ばまで走破したところで、コーラについての言説は、感性的なものと叡智的なもののあいだで、一方にも他方にも属さず、したがって、感性的な神としての宇宙にも叡智的な神にも属さない、そんな一つの見たところ空虚な空間を―おそらくそれは空虚ではないにもかかわらず―開いてしまったということになるのではなかろうか？〔中略〕感性的なものと叡智的なもののあいだ、さらには身体と魂のあいだの分割が起こり、場所を占めることができるのは、この亀裂から発してこの亀裂「において」なのではなかろうか？（ジャック・デリダ著、守中高明訳、『コーラ―プラトンの場―』未來社、二〇〇四年、三八頁）

叡智と感性、神と宇宙、魂と身体、こうした二項対立を設定して私たちは対象を理解する。私たちの理解とは、どんなに複雑に見えても、単純な二分法の組み合わせにすぎないことが多い。この二項対立を使う理解の仕方を、デリダは批判しているのです。

卑近な例で説明しましょう。私たちは、Aさんを理解するとき、「美人」と「ブス」という二項対立を設定したうえでAさんをブスに分類して、Aさんはブスだという理解を得る。いやもちろん、悪口を言うのが目的でないなら、こんな粗雑な理解を私たちはしないでしょう。でもどうでしょうか。Aさんに悪いと思って私たちがすることも、ブスのなかに、「まあまあブス」と「ひどいブス」の二項対立を設定して、まあまあブスに分類する、という程度の修正ではありませんか。それでもまだ良心が痛むなら、まあまあブスを「かなりブスではないブス」と「まあまあブス」に分けて、かなりブスではないブスに分類する。三重に分類してはわけがわからんと批判されたら、美人とブスのセットに対して、「美人でもブスでもない」という項目を設けて、そこにAさんを分類する。いやどっちかはっきりしろと批判されたら、美人でもブスでもないを、「比較的美人に近い普通」と「比較的ブスに近い普通」に分けて…。このように、私たちの思考はどこまで行っても、二つに分けてどっちか、になりがちです。

どうもひどい例で説明したものです。しかし、この例は示唆的なのです。この例で、考える行為として重要なステップは、美人とブスの二項対立を生み出す過程にあります。のちに美人とブスという概念になるがまだ両者のどちらでもない素材、両者の亀裂のような場、ここにおいて営まれる思考が重要なのです。Aさんは美人かブスかで悩むのは、技術的な判断の問題にすぎません。方程式を利用するより、方程式を考案するほうが重要でしょ。示唆的というのは、この亀裂、すなわち美人でもブスでもない素材・場もまた、人間は二項対立の一項目に貶めてしまいがちだということです。両者の創造の場を、美人とブスに対する美人でもブスでもないという項目に変えてしまう。こうして美人とブスのアルケー（起源・本質）を考える哲学的思考は、誰が美人で誰がブスかを考える技術的思考とすり替えられ、抑圧され、忘却されてしまうのです。

私がこのオマージュ論文で指摘したかったのは、ニーチェのテクストの存在の起源としての非存在、すなわち空白、です。これもまた、隠されているデリダの亀裂の類いではないでしょうか。そして、その空白が、いわゆる他者論的な他者として、私を魅了したのだろうと思います。

〝他者〟とは、私の外に在り、私の思い通りにならず見通すことのできない者であり、しかも私が求めずにいられない者のことである（柄谷行人著、「解説」夏目漱石著『明暗』所収、新潮社・新潮文庫、平成二二年改版・昭和六二年初版、六七九頁）

論文として表現するのに適さない題材であると、執筆当時も自覚していました。しかし、他者に見つめられればそれに惹かれずにはいられない。アルケーへの思考は、ある種の愛です。プラトン流にエロースと言いたい。論文という様式に合うかどうかなど、愛し始めてしまえばどうでもよくなります。私は、ニーチェのテクストを愛し、社会の壁に押し返され、そして、この情熱的な盲目の愛をあきらめるわけです。（まあ、昼ドラ風に言えばそうですが、そろそろ年金とかが心配になってきたということでもあります）。

五　誘惑と自己教育―ニーチェ哲学の教育的属性（『ニーチェｂ』所収）

この頃から、私の活動スタイルが変わります。三十歳代が現実味を帯びてきて、遊んではいられないという意識がでてきた。まあ、一般的な人生の歩みですよね。就職した同級生たちも学生気分の新入社員ではいられなくなり、構ってくれなくなるわけです。

個々の学会発表や論文には、過度の期待を寄せずに、それらを博士論文の素材集めの手段と位置づけました。表現の態様に関する哲学的な考察は一旦棚に上げて、未来の自分への報告文としての記述に徹しました。とはいえ、もともと文章表現は世界開示的なパフォーマンスだと考えていましたから、報告文スタイルの虚構性に飽き飽きして筆が止まることも多かった。そんなとき、夏目漱石の『野分』の白井道也先生の演説シーンが頭に浮かんで、虚構の学者の論文という体でいいじゃないか、と思いついた。私は以下のように考えました。…別に嘘を書くわけじゃないぞ。学者としての思考を誠実に書くけれど、その学者が自分のアイデンティティの中核にいる確信がないだけだ。自分のアイデンティティの問題はプライベートの領域で、学者世界の人々には関係がない。私の学者修行者としての義務は、学者としての知的生産活動なのだから、役割演技でなにも悪いところなどない。…なんだか忘却探偵シリーズの犯人の言い訳みたいですね（『掟上今日子の挑戦状』）。とにかくたくさん書かないと博論に到達しない、と、私は焦っていました。で、実際に学会発表の予定があろうとなかろうと、思いついたネタはなんでも書いておくことにした。それは、現在も続く習慣です。

怠惰な生活も改めました。ほとんど外出せずに『真・女神転生』に浸る生活とはおさらばです。週に三回プールで泳ぎ、研究を支える体調の管理に留意しました。というと、なんか、意識高い系に目覚めたサラリーマンみたいですが、単なる村上春樹のマネですね。この頃は現代小説を読まなくなっていましたが、ストイックに執筆する作家へのミーハー的なあこがれは、私の本質に残った感じですかね。そういえば、ちょうど甲子園の決勝戦で、横浜高校の松坂大輔が京都成章を相手にノーヒットノーランで勝ったのもこの頃です。泳ぎ終わって玄関のフロアで寛いでいるときに知りました。京都の伏見港公園のプールなんで、オジさんたちの松坂評価がやたらと低くて、みんな京都の高校が全国優勝すると思っていたみたいです。松坂、んなあPLにまぐれで勝ったやっちゃ、とかなんとか言ってました。ノーヒットノーランを食らったときのオジさんたちの沈黙がおかしかった。

閑話休題。

さて、しかし、この論文は、この頃の論文の典型とは言えませんね。むしろ、かなり特別です。それまで集めた様々な素材のまとめと言いますか。形式的にも、初期ニーチェから後期ニーチェまで通観する、駆け足の論述です。扱ったテーマを列挙すると、英語圏の教育哲学的なニーチェ論の動向のレポート、教養俗物とビスマルク時代への同時代文化批判、初期ニーチェのアッティカ悲劇の分析、ニーチェ流のアイデンティティ論とも言える自我の構造的理解、超人とその育成にかかわるニーチェ流の進化論、ニヒリズム論、ディオニュソス的なメタモルフォーゼ、ニーチェ最後の精神崩壊期の手紙。いやいやいやいや無理ですね。とても一つの論文のネタとは思えない。しかし、この段階でこのまとめノートを作ったことで、博論に向けての作業ははかどりました。中期から『ツァラトゥストラはこう言った』のあたりの研究が思ったより手薄だという、その時点での弱点も確認できました。

今にして思えば、本来この論文で中心となるべきは、範例、誘惑、謎、について書かれた言説ですね。『ニーチェｂ』でこの論文の前にある論文（「ニーチェ思想の理想主義的利用の条件について」）の註の「５」が、実はこの論文にとって重要なのです。その註には、ピヒトの主張のラフな要約があります。そこでピヒトに仮託して言いたかったのは、ニーチェがもたらした、真理概念と哲学概念の変更の確認です。寓話風に語れば、こんな感じの話です。

昔々、真理ちゃんというステキなアイドルがいました。真理ちゃんが活動しているのは、どこか遠くの星マリン星ですが、彼女のポスターはあちこちの街角に貼ってありました。とってもステキなポスターで、それを見る人はみんな本物の真理ちゃんに会いたいと思いました。しかし、ある日の正午頃、ヒゲで近眼の業界通オヤジが街にふらりと現れて、マリン星などないと言いました。オヤジは業界にだけ秘かに流通する暴露ビデオを見せてくれました。真理ちゃんに似た中年女性が台所仕事をしながら、忙しいのでマリン星は爆破しました、と言っているやつです。みんながっかりしました。真理ちゃんグッツをリュックに詰めて持ち歩いている武士は、怒ってポスターを切ろうとしました。業界通オヤジは、刀を抜こうとする武士の右手を優しく押さえて、オレは真理ちゃんがいないとは言ってないぜ、とニヒルに笑いました。ポスターの真理ちゃんがおまえさんに微笑みかけているかぎり、真理ちゃんは存在するのさ。そう言い残して、業界通オヤジは町を去っていきました。たぶん、暴露ビデオの在庫がなくなったんですね。おしまい。

寓話では余計にわからない? 直裁に言えば、真理と哲学の関係のイメージが、絶対確実な真理を主体的に論究するのが哲学というイメージから、謎めいた真理に魅了されて駆動するのが哲学というイメージへ、ニーチェによって変更した、という話です。それが、ピヒト流の言い方では、歴史における営為となった哲学では真理は謎めいていなければならない、となります。この場合の歴史は、出来事の意味を含んだ言い方です。日本語でも、出来する、と言いますが、なにかが起きることの集積が歴史であるという理解ですね。ドゥルーズ風に、こと、と言ったほうが、ピンと来ますかね。歴史・出来事・ことは、解釈を誘発し自身に解釈を集めることで、初めて存在できます。事実としての歴史・出来事・ことが先に存在し、それを知性が解釈するのではない。解釈という運動があって、そのベクトルの先に歴史・出来事・ことは出現する。誰にも解釈されない歴史・出来事・ことなど、そもそも存在しない、というわけです。この論文は、そのことを踏まえて教育も文化の継承も再考されねばならない、という内容になるべきでした。

六　道徳教育とニーチェのニヒリズム(『ニーチェb』所収)

これはこの頃の典型的スタイルの論文ですね。ニーチェのテクストの利用の暴力性など忘れたがごとくに、仕事に徹しています。この段階からさらにニーチェのテクスト解釈を削って、教育系の論文に仕上げた記憶があります。教育論としてはかなり敗北主義的な主張を含む議論です。つまり、道徳教育は、理想ではなく、現実政治だ、という。

もちろん、当時の私にとって重要だったのは、ニーチェのニヒリズム論です。ツルゲーネフの『父と子』のニヒリスト、あるいはニーチェ自身の『悦ばしき知識』「第三部　第一二五節」の狂気の人間の寓話や『ツァラトゥストラはこう言った』の「ツァラトゥストラの序言　第二節」の神の死の確認、これらの表現からは想像できないいわば思弁が、ニーチェの遺したメモにはあるのです。こうした謎めいたメモ書きが、表現者ニーチェを支えるニーチェ哲学の実態です。白昼にランプを点けて神を探す狂気の人間のセリフと、遺稿中のニヒリズムに関するメモの一つとを、並べて引用しておきます。こんなに別種の表現なのに、内容的にはどちらも哲学的ニヒリズム論なのです。

おれたちはみな神の殺害者なのだ！　だが、どうしてそんなことをやったのか？　どうしておれたちは海を飲み干すことができたんだ？　地平線をのこらず拭い去る海綿を誰がおれたちに与えたのか？この地球を太陽から切り離すようなことを何かおれたちはやったのか？　地球は今どっちへ動いているのだ？　おれたちはどっちへ動いているのだ？　あらゆる太陽から離れ去ってゆくのか？　おれたちは絶えず突き進んでいるのではないか？　それも後方へなのか、側方へなのか、前方へなのか、四方八方へなのか？　上方と下方がまだあるのか？　おれたちは無限の虚無の中を彷徨するように、さ迷ってゆくのではないか？（フリードリッヒ・ニーチェ著、信太正三訳、『悦ばしき知識　ニーチェ全

集8』、筑摩書房・ちくま学芸文庫、一九九三年、二一九頁と次頁）

1．ニヒリズムは**普通の**状態である。／ニヒリズム：目標が欠けている：「なぜ？」に対する答えが欠けている。ニヒリズムはなにを意味するのか？——最高の諸価値が価値を下げること。／それは**両義的**である。／A）精神の上昇した権力の記号としてのニヒリズム：**能動的ニヒリズム**としての／それは強さの記号でありうる：精神の力は増えつづけることができるが、それは従来の諸目標（「諸々の信念」、信仰箇条）が適当でないことになるほどである。／——すなわち、信仰は概して実存制約［「生存条件」］の強制を表現する。そのもとであるものが成長し、育ち、権力を獲得する、諸情勢の権威のもとへの屈服を表現する…／他方、生産的に再び目標を、なぜ？を、信仰を設定するためには、十分でない強さの記号。／それは相対的な力の**最大値**に達する。**破壊**の強力な力として：能動的ニヒリズムとして。その反対は、これ以上攻撃しない、疲れたニヒリズムである：仏教というそのもっとも有名な形式：受動性のニヒリズム／このニヒリズムは病理学的な中間状態を表現する（まったくの無意味への推論という途方もない一般化は、病理学的である）：生産的な力が十分に強くないこともそうであり：デカダンスが二の足を踏み、その救済策をまだ発明していないこともそうである。／B）精神の権力の下降や減退としてのニヒリズム：**受動的ニヒリズム**：／弱さの記号としての：精神の力は疲労し、使い果たすことができるが、それは、従来の諸目標や諸価値が適当でないことになり、これ以上信仰を見出せなくなるほどである——／諸価値と諸目標の綜合（そのうえにすべての強い文化が基づいている）は失われ、個々の価値が戦争すること：破壊／元気を回復するもの、治癒するもの、落ち着かせるもののすべてが、宗教的、あるいは道徳的、あるいは政治的、あるいは美学的などの様々な扮装で、前面に現れる。／**2．こうした仮説の前提**／真理が存在しないこと：事物の絶対的な性質がない、「物自体」がないこと／—このこと自体がニヒリズムであり、それももっとも極端な。それは事物の諸価値をまさに次のことに置く。実在性はこれらの諸価値に一致しないし、一致したこともなく、むしろ価値-設定者の側の力の症候、生の目的の単純化であることに。（Friedrich Nietzsche, *Sämtliche Werke Kritische Studienausgabe* in 15 Bänden, hrsg. von Giorgio Colli und Mazzino Montinari, dtv/de Gruyter, Berlin/New York, 1988, Bd. 12, S. 350ff.）

七　公民教育の原理としての「解釈」—遺稿におけるニーチェの解釈論の研究（『ニーチェｂ』所収）

いわゆる力への意志論を、解釈論としてとらえ直そうとした論文です。解釈は、認識論的な概念ではなく存在論的な概念なんですね。大仰になりがちな内容を手際よくまとめていますね。溝口先生、ナイスです。

八　小論・二（中期思想）の「歴史的に哲学すること」（『ニーチェｌ』所収）

この方法論から、ニーチェは再出発するんですね。いわゆるニーチェの実証主義期・中期思想の開始です。悲劇論やメタファー論のような中二病的なデカイ話から、急に現実的になる。でも、本来のニーチェは、こういう優等生な発想をする人なんだと思います。悲劇論の頃はヴァーグナーにちょっと酔っているというか。

ニーチェの歴史哲学は、事物を理解するにはその過去を知ればいいという思考方法です。こうまとめると地味で平凡なのですが、実はなかなか意欲的です。この方法では、事物は無数の過去の事物が合成して出来ていると考えます。例えば、溝口隆一は、たくさんの先祖からの血の流れの合成です。溝口隆一は溝口家の人間ですが、溝口家の直系だけをいくら遡っても、溝口隆一のことはわからない。溝口隆一には、父、父方の祖父、という血の流れからだけでなく、父方の祖母、母、母方の祖父と祖母、といった無数の血の流れからも血が流れ込んでいる。遺伝子情報だけみても、無数の過去があって溝口隆一は出来上がっているわけです。彼を理解するとは、そのすべてを知ることなのです。

歴史的に哲学するとは、溝口家の「祖」という溝口家の起源の特権性を否定する考え方です。中期ニーチェ哲学は、啓蒙主義や民主主義といった近代思想の王道とも相性がいい。どんな道徳も過去の無数の出来事の合成だし、ある人間が貴族の家の出であることはその人の無数にある特徴の一つにすぎない。当たり前のものとして流通している道徳の発生過程の分析が、この頃のニーチェの主要な仕事になります。この仕事には、ルー・ザロメをめぐって三角関係になった友人パウル・レーの影響があると言われています。結構哲学者というと孤高の人というイメージがありますが、この二人といい前期のヴァーグナーといい、結構具体的な人間関係が哲学的思考にも影響しているのですね。そりゃそうか、だって人間だものね。

起源の特権性の否定は、近代思想を超えたところまでニーチェを連れていきます。この方法は、古代ギリシアでアルケーの探求として始まった哲学の一つの歴史物語を、二重に否定する。唯一特権的なアルケーなんてないし、古代ギリシアに始まる哲学史も唯一特権的な哲学史ではない。まさに反哲学としての哲学ですね。フーコーの系譜学は、ニーチェの歴史哲学のもつ牙をさらに磨いたものです。

さまざまなものの歴史の始まりに見出されるのは、それらの起源にある、まだ他から守られているアイデンティティーではない—そこに見出されるのは他のさまざまなものの葛藤、不調和状態なのである。（ミシェル・フーコー著、伊藤晃訳、「ニーチェ、系譜学、歴史」『フーコー・コレクション3—言説・表象—』所収、筑摩書房・ちくま学芸文庫、二〇〇六年、三五四頁）

由来の探求は何かを築くものではなく、まったくその逆である。ひとが不動だと認めていたものを危うくさせ、ひとが単一だと考えていたものを断片化する。（同上、三五九頁と次頁）

ニーチェのこの方法論に私が関心をもったのは、若い頃に読んだ柄谷行人の言葉の影響かもしれません。柄谷のことは、最近まで忘れていたのですが。

歴史的に考えるということは、歴史主義的に考えることではなく、ある構造あるいはある建築が自立したものではなく、それがつねに任意の選択にほかならないことをみることなのだ。その意味で、ニーチェは徹底的に歴史的であった。(柄谷行人著、『隠喩としての建築』、講談社・講談社学術文庫、一九八九年、二九頁)

九　小論・三（永遠回帰）（『ニーチェ1』所収）

結局、好きなんですよね、永遠回帰。全部の事物が同じ組み合わせで同じ順番で無限に回帰する、なんてとんでもない世界観を、かつてはディオゲネス・ラエルティオスの著作の元ネタを冷静に推理していた文系最高の知性が提示するところがおもしろい。新しい宗教の教祖とかマンガの原作者ならわかるんですが。

永遠回帰に関しては、宇宙論的解釈と心理的解釈という二種類の解釈が有名です。宇宙論的解釈は、科学的に永遠回帰を扱うものです。まあ、ハードSFですね。当然、永遠回帰の実証は不可能です。まったく同じ世界が回帰するんで、以前の世界の痕跡は現在の世界に残りませんから。経験主義がダメなら合理主義で、というわけで、ニーチェ自身も熱力学的な議論を展開していますが、それよりも、ダントーが『哲学者としてのニーチェ』でニーチェの議論を再構築したもののほうが、SF的な完成度が高いように思います。ダントーのニーチェ論は、よく利用させていただきました。でも、最近翻訳が出ちゃったんですね。知りませんでした。残念です。私が翻訳したかった…

閑話休題。

心理的解釈は、端的に破綻しているうえに、なによりおもしろくないので嫌いです。ある言動をそれが無限回繰り返す覚悟でやったらいい、なんて、説教臭すぎでしょ。もちろん、ニーチェの『悦ばしき知識』「第四部　第三四一節」の永遠回帰の表現は、心理的解釈を許容するのですが。

永遠回帰で私が着目したのは、二点です。一つは、永遠回帰が教育論のなかで発想されているという点で、もう一つは、永遠回帰が『ツァラトゥストラはこう言った』の重要な登場人物だという点です。

十　初期ニーチェのメタファー論（『ニーチェl』所収）

初期ニーチェのメタファー論は、ずっと気になっていたんですよね。初期ニーチェといえば有名な悲劇論（『悲劇の誕生』のアッティカ悲劇の分析）があって、それも好きなんですが、メタファー論は未完成ながらもっと衝撃的と言いますか。かなり恐い理論ですよね。この世界はいつでもリセット可能だと言っているわけですよ。自分でリセットボタンを押して世界を作り直すこともできるし、そうせずに誤魔化して日常生活を送ったとしても、突然誰かの仕掛けた世界の終わりに巻き込まれる可能性もある、という理論です。黙示録的な終末論を含んだ発想を、メタファーというキーワードで展開しています。すべてがメタファー、つまり、多様な解釈を許すことばである、と。世界はそんなことばで出来ているから、いくらでも再創造されうる、と。革命の理論でもあるけれど、この革命は、世界創造（再創造）のついでですね。ニーチェは、個人でも社会でもなく、世界から考える怖い人です。

十一　小論・四（後期から晩年の思想）の「パースペクティヴ主義」（『ニーチェ1』所収）、小論・一（初期思想）（『ニーチェ1』所収）

これは現在の研究テーマですね。もっとも、現在の私の関心の中心は、パースペクティヴ主義の多元論的な部分にはありません。それは、価値転換や生の概念とかぶるので。関心の中心は、仮象性の存在論です。ニーチェのパースペクティヴ主義では、存在するものはすべて仮象です。つまり、本当は存在しない。でも、私たちは、その存在とは別の意味で、やっぱり存在していますよね。マンガ『ドラえもん』の登場人物のび太は、ドラえもんの作品世界という虚構の世界にいる嘘ですが、でもその世界のなかでは本当に存在している。のび太に、おまえ嘘やねんで、と教えてあげて、のび太本人も、そうかぼくは嘘なんだ、と自覚しても、のび太は消滅しない。私たちの存在を保証する神の死後に生きる私たちも、そんなキャラクター的な有り様では、存在しているのではないですかね。

もしかすると、この研究は、『悲劇の誕生』をアポロンに着目して読み直す作業になるかもしれません。初期ニーチェの悲劇論は、古代ギリシア文化におけるディオニュソス的な側面に脚光を浴びせたことで有名です。しかし、その内実は、ディオニュソスとアポロンの相補性の重要性を明らかにしたものです。それは、次のような相補性です。

まず、ディオニュソス的な働きが、形作られているものをエネルギーに戻し、素材と形成力が一体になった状態を作ります。ディオニュソスは、例えば、完成度の高いあるサッカーチームを解体します。レギュラーと補欠の区別もポジションも戦術も、強化ポイントも監督も予算の編成も、選手が行きつけの弁当屋もスタンドの色もなにもかも、全部白紙に戻してしまいます。ただ、本当の白紙にはならない。そうなってはディオニュソス的な働きは失敗です。新しいなにかが生まれる可能性を孕む白紙でないとダメなのです。その新しいなにかは、サッカーチームではないかもしれない。それでもいいのです。アポロン的な働きが稼働し、可能性の白紙からなにかを現実化してくれます。アポロン的な力は、可能性に形を与えて、私たちの認識能力でとらえうるものを出現させます。かつての素敵なサッカーチームは、勤勉な貿易会社に生まれ変わるかもしれません。あるいは、町の思い出という精神的なものに転生するかもしれない。

アポロンの働き、つまり、形作ること、秩序を与えることは、作られたものを私たちに見えるようにすることです。いや、というか、作るとは見えるようにすることそのものです。ディオニュソスは、サッカーチームがあった世界を見えなくして、アポロンは、貿易会社がある世界を見えるようにする。つまり、アポロンは世界を可視的にする。このことが、世界全体を仮象の世界とみなすニーチェの世界理解とつながってくるように思います。というのも、可視的も仮象的も、「光（Schein）」に関わる事象なのですから。しかし、この私の直感を論文にするのは、なかなか挑戦的な仕事になります。武器となる十分な量のテクストを私に残さずに、ニーチェは一八八九年にトリノで発狂してしまいましたからね。

文学部出身者のボクが九十年代に迷子になる話

一

履歴書で確認したところ、ボクが大学を卒業したのは一九九三年です。京都の古い私立大学の文学部でした。大学設置基準の大綱化が一九九一年。まさに大学が制度的に変革し始めたときです。変革は世紀をまたいで進行し、二〇一五年夏現在、国立大学から文系学部が消滅するとかしないとか。ニーチェは、『反時代的考察』等で、大政治家ビスマルクの政治力で出来たドイツ帝国の教育を、国家のための教育として罵倒しています。結局近代国家の教育は、軍人と官僚と、税金を増やしそうな財界人の育成を目的としている、ということでしょうかね。まあ、文化的な人生を模索している方は、大学にこだわらなくてもいいんじゃないですか。大学は生きる術を手に入れる場ということで。

二

どうもいきなり嫌みな話をしてしまった。所詮、職業に直結するどんな技術とも無縁の文学部出身者の戯言です。お忘れいただければ幸いです。

さて。

ここでしたいのは、私の思い出話です。いや、ボクの話です。

大学生（学部生）のボクは、役立たずの文学部の学生であることを、誇りとする者でした。哲学で大学院に進学した動機の一つは、限りなく有用性がゼロに近くて希少価値がありそうだからです。知り合いにはこう言われました。あえてクソゲーをやる感じか、と。いや、少し違うのです。たしかに、一流企業に入る道具として大学名を使う学歴社会への反発心はありました。が、それ以上に、スコレー（暇）が文化文明の源という古代ギリシア人の話をどこかで聞いて、心の底から同意したのです。と同時に（人間の心には複数の考えが同時に生じるんですね）、いつ死ぬかわからないのに、現在を未来の道具にするのは賢いようでペイしない、という計算もありました。ハイデガーの「死への先駆」を聞きかじって、人生の損得勘定をした結果です。

哲学の本は、もちろん好きでした。

哲学の基本文献が入っている岩波文庫の青帯のシリーズを、眉間にしわを寄せて「眺めて」いました。いや、品切れの岩波文庫の古本をジーパンの後ろポケットに入れて、詩仙堂の額縁にうなずくポーズなんかを作るほうに真剣だったかもしれません。アルマーニのスーツかなんかを着たバブル期の同級生たちに反発しているボクも、相当にうすっぺらなやつだったということです。当時のボクの定番の服装は、白いＴシャツにブルージーンズ。スリムなハイウエストのジーンズです。…ダサイですかね。でも、吉田栄作も、そんな格好でよくメディアに出ていたような。知りませんかね、熱い演技の栄作。いや、江口洋介も、織田裕二も、そして加勢大周も、みんなそんな格好でした。ただ、ボクの服装は、彼らからの影響ではない（と信じたい）。たぶん、村上春樹の影響が大なのです。彼のエッセイにすっかり影響されて、夏は豆腐ばかり食べていました。どうせスーツを買うならブルックス ブラザーズにしよう、とか思ったりして。

哲学も（哲学者のポーズも）好きでしたが、小説には魂を魅了されていました。『世界の終わりとハードボイルド・ワンダーランド』の村上春樹、『コインロッカー・ベイビーズ』の村上龍、『枯木灘』の中上健次、『僕は模造人間』の島田雅彦、そして『さようなら、ギャングたち』の高橋源一郎。もともとボクは古風な文学少年でした。夏目漱石、三島由紀夫、太宰治と順当にはまって無事文学青年に成長し、今度は生きている同時代の作家たちに熱中したわけです。現役の小説家たちは、ボクのアイドルでした。

そのアイドルたちに影響力のある柄谷行人は、スーパースターでした。『探究Ⅰ』の頃の柄谷行人は、なんと表現したらいい存在なのでしょうかね。文芸評論家ですか。いや、当時の柄谷は、そんなものではなかった。どんな知識も一度柄谷のフォーマットでとらえ直してみないと得心がいかない気がしました。当時のインテリぶった若者は、完全に柄谷のOSで動いていました。まあ、圧倒的多数の普通の若者（男子）は、ガンダムのOSで動いていましたが。

ああ、そうですね。

機動戦士ガンダムシリーズの初期作品が現代日本文化の基礎教養になったのは、この頃かもしれません。新作は批判されていましたけれど。もちろん、ポケモンもエヴァもまだ存在していない頃です。大学生がマンガを読むのは、完全に普通になっていました。ゲームを持ち歩く人は周りにはいなかったですが、家庭用ゲーム機はみんなやっていました。スーファミでストⅡターボとか。いわゆるオタク文化が一般の若者に浸透していった時期ですね。

こんな文化状況が、哲学の入口で遊んでいるボクの、スタート地点の風景でした。

三

繰り返すと、ボクが大学を卒業したのは一九九三年です。日本のバブル景気は一九八六年から一九九一年。ボク個人のささやかな人生の節目は、バブルが弾けた大変なときだったわけです。でも当時は、なんの衝撃もありませんでした。デフレと不況が常態化した経済状況が実際にどんなものかを想像するなんて、当時は無理でした。失われた十年は、失われた後でないと実感できない。三十年戦争も、始まった当時は三十年戦争ではなかったはずです。

九十年代初め、すでに大卒は特権的な階級ではありませんでした。でも、専門学校生と就職先を争うようなこともなかった。学士以外のなんの資格ももたない文学部のボクでも、卒業後に無職になる不安はなかったです。心配していたのは、希望の職種、希望の待遇が得られるかどうか、そして、自由に遊べる時間がどれだけあるかということ。当時のボクの悩みは贅沢でした。

今の私から見れば、大学院進学も、適当な選択でした。企業で働くよりも本を読む時間は圧倒的に多いし、金のかかる道楽とは無縁だったのでバイトで自立できる、とかなり楽天的に考えていた。と同時に（またしても複数の考えです）、大学院の修士課程を終える頃には日本経済が回復して、今よりも条件のいい就職先が増えるだろう、とも予測していました。オイルショックだって一・二年だったじゃないか、と。しかし、時代の変化は思ったより速かった。

ニューミュージックで育った凡庸な若者は、小林よしのりの『ゴーマニズム宣言』（一九九二年連載開始）のよさがわからず、阪神淡路大震災と地下鉄サリン事件（ともに一九九五年）、さらに神戸連続児童殺傷事件（一九九七年）にひたすらうろたえました。東浩紀の『存在論的、郵便的―ジャック・デリダについて』には思想家への夢を砕かれ（一九九八年）、世紀末には究極生命体カーズの地球帰還の噂にワクワクし、ゼロ年代には、そんな言葉の誕生にも気づかないほど研究者の修行に忙殺され、いつのまにかライトノベルが小説の「普通」になっていました。ポケットモンスター（最初の赤と緑が一九九六年）で育った高校生が授業を聞いてくれなくて困惑し、遅ればせながら宮台真司の『制服少女たちの選択』（一九九四年）で勉強して、大塚英志の『キャラクター小説の作り方』（二〇〇三年）にいろいろと納得させられ…、まあようするに時代は変わっていって、ボクがボクであった世界にはもうボクは帰れないのです。

まあよいマイマイな気分です。

四

ボクはどこで迷子になったのでしょうか。

ボクの人生ゲームのバットエンドである私は、二つのグラビアのあいだになにかがあったのだとにらんでいます。週刊少年ジャンプを猛追する週刊少年マガジンの二つのグラビア。一九九一年（三九号）の森高千里と一九九五年（二九号）の雛形あきこ。藤井寺球場の外野席で、座布団の代用品にされた森高は、本来そこに放置されるはずでした。しかし、なにか気になって、ボクは持って帰ってしまう。そして、今も、私のトランクルームのどこかにあります。対して、例の雛ポーズの雛形を、ボクは初めからそれ目的で購買しました。それもトランクルームに保存されています。

ボクから私への迷路は、二つのグラビアのあいだに封印されているのです。トランクルームからそれを発掘して分析するのは、未来の私の課題です。同じく封印されている、たくさんのガンプラとともに、老人の私へ、ボケ防止のプレゼントとして残します。

ヒーローショー

一

少年は困惑していた。目の前の現実をどう理解したらいいのかわからなかったのだ。遊園地の野外ステージで、ヒーローがぬいぐるみと戦っていた。ヒーローのくせに、私たちの声援がなければ負けてしまうと弱音を吐いている。周囲の子供たちはがんばれと叫んでいる。ほらっ、リュウイチ、ほらほら、と母も叔母も私を促す。だけど、お母さん。なんか変なんだよ。こんなところに彼がいるなんて。あのピカピカの皮膚のやつは、本物なのかな。テレビで観た先週の事件はどうなったの。幼稚園児たちが次々にさらわれた事件だよ。次はおまえかもねってアキコに言ったら、そのときは笑ってたくせに夜になるとしくしく泣きはじめて。あの事件とこの青空の下での戦いは、つながってないよね。いやいや、お母さん。あのピカピカが正義の光だってのはボクだってわかるよ。あれを偽物と断じてしまえば、ボクは少年としてなにか重要な物を失うのだろうな。偽物だなんて思いたくない。だが、本物とも思えない。ああ、叔母さん。そんなにニヤニヤ笑わないでくれよ。結局賢しいこの子も、単純な子供だましに引っかかるんだと言いたいのはわかるけれど。

昭和四十年代の遊園地で少年を悩ませていたのは、次のような事態であった。

したがって、私たちはいま、文学的想像力の基盤として、自然主義的リアリズムとまんが・アニメ的リアリズムという、二つの異なった**メタジャンル的な環境**を目の前にしていると言える。前者は明治期にヨーロッパから導入され、後者は戦後に国内で生まれた。［中略］。／自然主義的リアリズムの市場で『東京タワー』が売れ、芥川賞や直木賞が話題になっているときに、まんが・アニメ的リアリズムの市場では、まったく異なった原理と価値観に基づいて「涼宮ハルヒ」シリーズが何百万部も売れている。（東浩紀著、『ゲーム的リアリズムの誕生—動物化するポストモダン2—』、講談社・講談社現代新書、二〇〇七年、六六頁）

少年は、遊園地のヒーローショーでの困惑を抱えたまま成長した。ライダーキックで少年期を駆け抜け、かめはめ波で思春期の煩悶を消し飛ばし、一年戦争の構図で第二次世界大戦を理解する青年となり、肉体のないニーチェと対話する研究者になった。そして二十一世紀に入り、東さんのリアリズムの現状理解に出会い、かつての少年は、理性とは違う魂のどこかで、同意した。いや、ほっとしたというほうが正直か。なんだ、テレビのヒーローも遊園地のヒーローもどっちもリアルで正解だったのか。どちらにも現実味を感じていた私は、変じゃないんだな。よかったよかった。じゃあ、こっちの世界で大学入学以降も、夢の世界でまだチャリ通している丘の上の高校も、二日徹夜で『真・女神転生３』をやると下宿に出現する、火星独立革命の同士諸君も、リアルということでいいかな。

二

二〇一五年の夏は、研究室で宇野常寛の『ゼロ年代の想像力』を読んでいた。一九九五年への批評家たちのこだわりについて述べている。阪神淡路大震災と、オウム真理教の地下鉄サリン事件が起きた年であり、『新世紀エヴァンゲリオン』がテレビ放送された年だ。宇野さんの話を大雑把にまとめると、次の通り。―エヴァの影響は大きくてゼロ年代にも「セカイ系」なんか生んだけど、それはもう古くて、引きこもっていたら生き残れないと感じる世代の文化が生まれているし、その文化の次の文化も生まれているのだ。―という感じで、ゼロ年代に入ってからエヴァを基軸に文化批評をしていた東さんの古さを、宇野さんは執拗に批判する。いや、五年くらい前の宇野さんは、というべきか。彼らの扱う領域での文化の進行速度は非常に速い。

〈以下補足〉

宇野さんの話のまとめが大雑把すぎるので、補足したい。宇野さん自身が著作中で繰り返し自説を要約し自身の立場を明示しているので、その一部を引用する。

一九九五年から二〇〇〇年までの間は、一九九五年に大きな物語がまた一段階失効し、そんな社会像の変化を受け止め、怯えていた「引きこもりの時代」であり、二〇〇一年以降はその後に乱立した小さな社会同士が衝突（バトルロワイヤル）しあう「噴き上がりの時代」に変化したと言える。ここでは自分の選択した小さな物語に大きな物語的な超越性を読み込み、その正当性を他の小さな物語を排撃し、自分たちの生活空間から排除することで獲得しようとする決断主義的態度が支配的になる。（宇野常寛著、『ゼロ年代の想像力』、早川書房・ハヤカワ文庫、二〇一一年、一五二頁）

私たちは今、決断主義のある程度の有効性と、その（大きな）副作用として現れる限界と問題点に直面している。模索すべきは「引きこもり」からの脱却でも、ポスト・セカイ系でもない。それらは既に決断主義として出現している。「どうせ世の中勝ったものが正義なのだから」と開き直り、思考停止と暴力を肯定する態度にどう対抗するか、が私たちの課題なのだ。（同上、一五三頁）

〈補足終わり〉

正直、宇野さんが正しいのかどうかはわからないが、私にとって彼の話は衝撃的だった。私は、宇野さんが事例に挙げる作品に、西尾維新と山下敦弘を除いて、関心をもったことがなかったからだ。ゼロ年代に東さんや大塚英志さんを集中的に読んだときにも、関心外の作品が多いと感じたが、宇野さんの読書経験はそれ以上だった。なんだか彼の批評自体が、空想の国の文化を論じたフィクションに思えてきたくらいだ。西尾維新や山下敦弘への私の関心にしても、小説と映画という近代的な文化の現在として捉えたうえでの関心であって、エヴァ以降ともゼロ年代とも関係がなかった。(もしかすると、私のような門外漢へのゼロ年代作品の認知度の低さそのものが、宇野さんに『ゼロ年代の想像力』を書かせた動機なのではないか)。

三

東さんや宇野さんといった、私よりも若い批評家たちの熱い議論を読んで(あるいは、彼らの動画をネットで観て)、ああ面白いなあと、私は純粋に消費者の立場で楽しんだ。しかし、と私は思うのだ。でもあの人はもっとすごかった、と。あの人、すなわち、柄谷行人。大学生の頃の私たちのヒーロー、柄谷行人のことだ。

山水画家が松林を描くとき、まさに松林という概念(意味されるもの)を描くのであって、実在の松林ではない。(柄谷行人著、『日本近代文学の起源』、講談社・講談社文芸文庫、一九八八年、三一頁)

柄谷行人には、さん付けでの呼称も面白いという感想も寄せ付けない、厳しさがあった。最低限の事例と跳躍する論理。彼の前では、センスの悪いやつ、推論のできないやつは、文化的な自決を迫られる雰囲気があった。

柄谷から引用した以上は、私はまじめに議論を前に進めねばなるまい。

そういうわけなので、続きは論文にて。

新快速で宇宙に行こう

一

大学生のときの話だ。

私は二十歳そこそこの長髪の若造で、時代は九十年代に突入したばかり。バブルははじける寸前で、ヤングライオンズが球界の盟主に成長し、ネットとは各種の具体的な網を意味する言葉にすぎず、私は新快速電車に乗っていた。魔法のチケット「青春18きっぷ」のおかげで、京都の下宿から埼玉の実家まで二千円強で帰省できるのだ。ただし、この魔法には限界がある。特急料金がかかる列車には乗せてもらえない。したがって、私は、新快速、快速、普通をうまく乗り継ぎ、最短でも九時間程度は鉄路に揺られねばならない。

私は、長旅の途上にいたのだ。

二

最初にこのチケットを使ったとき、予期したよりも旅は退屈ではなかった。なんだか初めて日本の風景をきちんと見たような気がした。いや見たというよりも得心したと言うべきかもしれない。

京都―東京間という日本の大動脈にも、新幹線で駆け抜けてしまう高速移動の旅では気がつきにくいムラがあった。米原から大垣の間、関ヶ原を含むあたりは、かろうじてつながる細い道で、本当に日本が西と東に分かれる天下分け目の地であった。信長、秀吉の故地を通り、私鉄が姿を現わし、鉄路が何本も並走する太い道となり、そして都会が出現する。

名古屋は実に大きい。旅人を圧倒する大きさだ。この大きさは、京都から新幹線でひょいとやって来ては実感できない。

この都会を離れると、東に下るという京都人の言葉が具象化されていく。乗り換えを繰り返すうちに、周囲から西の人たちの滑らかで音楽的な言葉が消えて、車内には実直な言葉が満ちてくる。私の若い体にも疲れがゆっくりと染みてきて、半覚醒の時間が過ぎる。ぼんやりと富士山を見て、箱根の山に入り、熱海を過ぎた頃、急に私は、日本の心臓が近づいてきていると気づいた。人々の話す言葉に、シャープな都会もんの言葉が混じりだしたのだ。東京の人の言葉は、車内に異様に響いた。エッジが効いていて、しかも速い。私にとっては故郷の言葉であるはずの言葉の響きを、私は西の人の耳で再発見したのだ。

このように、私はまさに旅に学んだのである。飛行機や新幹線で大都市を結んでしまっては知りえず、東京の衛星都市での生活では気づけない知識。大学生協が五枚一組のチケットを（こっそり）バラ売りしてくれたおかげで、私は、たった二千円強で、九時間の濃い能動的学修をする機会を得た。ありがとう、大学生協！

三

とはいえ、学生の休暇は長い。何度も帰省の機会がある私は、すぐに東海道線を使った現地見学実習に飽きてしまった。退屈は不快だ。同じくなにもしない状態でも、ぼんやりしている九時間はほんのりと幸せであるが、退屈のイライラと付き合う九時間は地獄である。

その対策として大活躍したのは、ウォークマンであった。が、当時はカセットテープである。一本の録音時間が限られていたので、長時間分となるとけっこうな荷物になる。それに、イヤフォンに耐えられる自分の耳の、肉体的な限界もある。ロックを聞き続けると三時間ももたない。アコースティックでも五時間はつらい。というわけで、私は、できるだけ本を読む時間を増やすことにした。

例えば、『天窓のあるガレージ』(日野啓三)→『マルクス その可能性の中心』(柄谷行人)→『ゴクミ語録』(後藤久美子)→『古今東西』(森高千里)→『エクリプス』(イングヴェイ・マルムスティーン)→『ゼウスガーデン衰亡史』(小林恭二)→『ホット・ワイアー』(キックス)→『ファイナル・ヴァイナル』(レインボー)、のルートをゆっくりと繰り返す。ああうるさいわい、とウォークマンを窓から投げ捨てたくなる頃に、『シングル・セル』(増田みず子)→『文学部唯野教授』(筒井康隆)→『ヘヴィ・メタルの逆襲』(伊藤政則)→『スレイヴス・アンド・マスターズ』(ディープ・パープル)→『山田さん日記』(竹野雅人)→『インニュエンドウ』(クイーン)→『ファイナル・ヴァイナル』(レインボー)、の新ルートをスタートさせる、といった具合だ。老眼とは無縁の若者であったから、本はすべて文庫本である。ウォークマンとカセットテープと文庫本なら、普段使いのバッグにも収容可能であった。

四

そのときの旅は、すでに時間つぶしの方法が確立して月日が経っていた。たぶん、ルーティンに変化をつけたくなったのだろう。私は、大津でいきなり哲学の古典を読み始めた。スピノザの『エチカ』である。もしかすると、単純に読みたかったのかもしれない。古本ではなく新本であった。当時の私の経済力では、文庫といえども新本を買うには重大な決意が必要であったのだが。岩波文庫に特徴的な、少し赤みがかった紙には、次のような言葉が印刷されていた。

> 神について／定義／一　自己原因とは、その本質が存在を含むもの、あるいはその本性が存在するとしか考えられえないもの、と解する。（スピノザ著、畠中尚志訳、『エチカ（上）』、岩波書店・岩波文庫、一九七五年改版・一九五一年初版、三七頁）

幾何学の公理系をまねた『エチカ』の表現は、読者を選ぶ。定義と定理を用いて推論して、Q・E・Dと締めくくるクールさには、探偵小説の魅力があるのは確かだ。しかし、数学の公式集を楽しく読む人は少ない。私も、遊びのないタイプの文章は、本来得意ではない。しかし、このときは違った。旅ではできるだけ時間をかけて読むという癖がついていたからか。とにかく、文字が脳にぴたっと張り付いてきた。

理解できたのではない。まず自己原因がなんだかわからない。たぶん、自分に関して自身に原因があるとかなんとかそんな話だろうと、いい加減に受け取った。そういう原因はその原因そのものが自分自身を根拠にして存在してなくちゃたしかにおかしいだろうな、他のなにかに支えられていたら原因はその他のなにかかもしれないからなあ、とかなんとか、これまたいい加減に解した。そして、なるほどなるほど、と納得してしまったのだ。

なるほどなるほど、なるほどなるほど…。どういうわけか、私は何度もなるほどを繰り返していた。そして、この言葉に粘着してなるほどなるほどにも飽きた頃、私は、定義二を読んだ。が、これはなんだか釈然とせず、ふーんと早めに吟味を切り上げて、定義三に進んだ。

三　実体とは、それ自身のうちに在りかつそれ自身によって考えられるもの、言いかえればその概念を形成するのに他のものの概念を必要としないもの、と解する。（同上）

この言葉は、ピンと来た。一応哲学科の学生だ。デカルトの三実体説くらいは知っていた。あくまで学生流にだが。荒っぽく言えば、本当にあるものは考える働きと延長する働きと神の三つ、と言う話だ（たぶん）。精神と物質と神と言ってもいい（おそらく）。唯一の神というのが、八百万の神々の国の人である私にはしっくりこない話であったが、精神と物体を混ぜたら危険なことは、この頃の学生にとっては生存に関わる常識であった。これを混ぜちゃう若者は、空中を浮いたりできる教祖様に出会って大学に来なくなる。学生失踪の噂は、本当にあちこちで聞かれた。

デカルトを連想したのは、スピノザが『デカルトの哲学原理』の著者であると知っていたからだ。『知性改善論』なんて、『方法序説』のモチーフそのまんまのタイトルだし、デカルトとスピノザのニコイチ感は半端ねえ、のだ（いや、ニコイチなんて言い方は、私が大学生の頃はメジャーではなかったが）。ちなみに、高校倫理の大陸合理論でおなじみのもう一人、ライプニッツ、は私には謎の人だった。手軽に読める翻訳も少なかったので、どういうイメージを持ったらいいのか手がかりがなかった。

四　属性とは、知性が実体についてその本質を構成していると知覚するもの、と解する。（同上）
五　様態とは、実体の変状、すなわち他のもののうちに在りかつ他のものによって考えられるもの、と解する。（同上、三七頁と次頁）

実体に、属性と様態か。知的な人間に見えそうな用語だな。うん、実に興味をひかれる言葉たちだ。—哲学の専門用語は、この頃の学生たちにとっては、ファッションだった。エリート意識を満足させる物品だ。服飾ブランドの名称に固着する愚民どもは業界に金をむしり取られておればよい、我が輩は安価な書物から得たプライスレスな叡智を愛好する者なり、といった意識。金がなくてモテない学生のルサンチマンにすぎないのだが、その反感のパワーで私は勉強したのだから、まあいいじゃないか。本当にスマートな頭脳の持ち主は、哲学もブランドも、どちらにも強かった。私程度の二流の頭脳は、活動し続けるためにルサンチマンでドーピングする必要があった。

六　神とは、絶対に無限なる実有、言いかえればおのおのが永遠・無限の本質を表現する無限に多くの属性から成っている実体、と解する。（同上、三八頁）

予め断っておくが、私は感度のよい男ではない。読書もたいていはあとからじわじわと効いてくる。しかし、この言葉には、即座に反応した。私は、驚嘆してしまった。電車内で、えっ、とか言ったかも。直前まで、カッコイイ発言をして女子にモテモテの自己イメージに酔っていたのに、突然、自己を放り投げて、世界がわかったぞー！　という体験だった。精神がパッと広がって、自分が世界全体に関する透明な認識に同化した感じだ。―なんじゃそりゃ、わけわからん、という方は、『機動戦士Zガンダム』を観てください。取調室でカミーユ少年が宇宙を感じるシーン。あんな感じです。もちろん、カミーユがのちに精神に変調をきたしたように、それは怪しい体験です。なにしろ、驚嘆とともに出現した認識だもの、冷静な理性の吟味に耐えうる知のはずがない。夜中に書いたラブレターみたいなものだ。

私が驚嘆したのはなにに対してか。今にして思えば、私はこのとき初めて、哲学的な世界理解を体感したのだ。近代形而上学というやつだ（スピノザ本人は近世の人だが）。文の魅力に逃げずに、あくまで理性中心にアプローチする世界像は、とっても刺激的だった。SF小説の魅力と似たものを感じたのかもしれない。理屈で攻める虚構の魅力だ。―神なんだから有限なはずがない。無限ということはとにかく全部だ。精神でもあり、肉体でもあり、私たち人間には感知できないなにかでもあり、全部だ。ということは、世界全部が神なんだ！

定理一四　神のほかにはいかなる実体も存しえずまた考えられえない。（同上、五二頁）
定理一五　すべての在るものは神のうちに在る、そして神なしには何物も在りえずまた考えられえない。（同上、五三頁）
定理一六　神の本性の必然性から無限に多くのものが無限に多くの仕方で（言いかえれば無限の知性によって把握されうるすべてのものが）生じなければならぬ。（同上、五九頁）

五

その後の旅は、汎神論の世界観を妄想しつつ、社会から逃避する指向を自身の精神に育成するものになった。鉄道網にムラがあるだとか名古屋が世間のイメージより都会だとか東京の言葉が速くて鋭いだとか、そんなことはどうでもいい。それもこれも神なんだから。なにゆえ神は、だがや、になり、じゃん、になったのか。また、その方法はいかに。森高千里はたしかに神に違いないが、山田邦子も神なのか。いや待て、森高の足と私の唇が同じ神だというのはハレンチすぎないか…。

こうして私は、湾岸戦争や消費税についての意見形成を放棄し、すべてが気持ちよく一体化していく世界像に耽溺する。後に庵野秀明が、旧劇場版エヴァンゲリオンで描いた一体化する世界のイメージだ。それは、ダメな市民への一歩であった。いや、一歩も歩んではいないのか。歩むも歩まないもどちらも神であり同一じゃないか。ああ、もう、実家に戻るも戻らないも同じことだ。新快速は走っているとともに走っていないし、新快速であるとともに新快速ではない。私は、森高の足であり、ブッシュであり、フセインであり、…

宇宙旅行

星と、星の世界への道は、単に長くて困難なものであるだけでなく、さらに、それは、われわれの地球上の現実がもつ諸現象とは似ても似つかない無数の現象に満ちていると私は思う。宇宙は「銀河系の規模にまで拡大された地球」では決してないであろう。それは質的に新しいものである。（スタニスワフ・レム著、飯田規和訳、「『ソラリス』ロシア語版序文」『ソラリスの陽のもとに』「訳者あとがき」所収、早川書房・ハヤカワ文庫、二〇〇六年三一刷・一九七七年、三七九頁）

一

嫌な夢だった。

夢の中で私は北川景子のドラマを観ていた。話が佳境を迎え、北川さんの魅力的な唇がなにか重要なセリフを言おうとしたそのとき、唐突に画面がモノクロに変わって彼女は消えてしまった。そして、日本映画界を代表する老人キャラの笠智衆が現われて、『東京物語』のセリフを言った。トウトウヤドナシニナッテシモウタ。夢中の私は、教育的に不適切な悪態を吐いてチャンネルを変えたが、笠智衆はどの番組にも現われて、あのセリフを繰り返すのだ。なんてしつこい老人だ。笠智衆にさんざん追い回され困り果てた末に、私は、これが夢であるとようやく気づいた。そうだ、私はサイタマに帰郷する旅の途上だったのだ。そして、私は目が覚めた。私の周囲を、光り輝く正多面体たちが取り囲んでいた。三次元空間にはありえない正多面体もいた。輝きの明度もまちまちだった。不思議な光景に、私は驚いた。……いや、正直に言おう。なぜか私は落ち着いていた。むしろ故郷に帰った安心感さえあった。ある明度の低い正多面体が笑っていた。隣の無邪気な正多面体が冗談を言っているらしい。

もしも、われわれがいつも話し続けているもの、「美」や「善」やすべてのそういう実在が、たしかに存在するならば、そして、そういう実在がかつてはわれわれ自身のものとしてあったことを再発見しながら、感覚によって把握されるすべてのものをその実在に遡って関連付け、相互の類似をたしかめるのならば、これらの実在が存在するように、われわれの魂もまた、われわれが生まれる以前にも存在したのでなければならない。（プラトン著、岩田靖夫訳、『パイドン』、岩波書店・岩波文庫、一九九八年、六七頁）

なにを言っているのかまったくわからなかった。無邪気な正多面体は厳かな口調でしゃべっていた。どうやら、誰かのマネらしい。私は、これを笑うのは不当だと感じた。肉体の牢獄にいる同胞が、懸命にそこから抜け出そうとしているのだ。内容も、真理に幾分近づいているではないか。たしかに、先生の口調をまねる子どもを見るようで、滑稽ではあるが…なにを言っているのだ、私は。寝ぼけているのか。光り輝く正多面体だって。なんだ、それは。かつてプラトンと呼ばれた魂が、肉体に邪魔されながら、目や耳で感じられるものから感じられないものへと洞察の視線を移したのは、正解じゃないか。本物は、理性にのみ到達できるこのイデア界にあるのだから。…なんだって、イデア界だと。ここはトウカイドウセンのフツウレッシャのなかではないのか。…いやいや、なにを驚いているのだ。女優の唇への執着が覚醒の邪魔をするのか。そんなものにかまっている場合ではないのに。私は、彼女の感覚的な唇ではなく、イデアの唇を探さなくては。

それは、朽ちる肉の唇ではなく、永遠に美しい唇なのだから。

二

私は北川景子への愛のイデアであった。しかし、彼女の唇への執着のあまり、肉体からの脱出に失敗した。私は地に堕ちてしまった。私は低俗な原因に駆動される哀れな人間だ。あっちこっちに視線をとられて、イデア界への道を見失った。ああ、なんということか。最近では、石原さとみの唇も気になるなんて。

私は、自分のコントロールの仕方を学ぶために、リュケイオン学園に入学した。そこで教えている中庸とかいうものが、私のような落ち着きのない者にはよいらしいと聞いたからだ。リュケイオン学園は、アカデメイア学園と並ぶ名門校だ。セレブの子弟も在学している。オモテサンドウ駅から徒歩五分。学習にも青春にも、なかなかいい環境だ。

学祖で学園長のアリストテレス御大は、私のような浅学の輩にも親しく接してくださった。

根源的なる原因の知識〈学〉を獲得しなければならぬことは明らかである。なぜならば我々は窮極原因を認識したと信ずる時にのみ、その各事物を知っているというのだからである。しかも原因ということは四様の意味において語られる。我々が原因と呼ぶその一つのものは実体や本質〈形相因〉である。（そのゆえは、なぜということは結局概念に還元され得るが、窮極のなぜということは原因であり原理であるからである。）もう一つのものは質量や基体〈質料因〉であり、第三のものは運動のよって来たる根源〈動力因〉であり、第四のものは第三に対立する原因であって、目的や善なるもの〈目的因〉である。けだしこれはあらゆる生成や運動の目標である。（アリストテレス著、岩崎勉訳、『形而上学』、講談社・講談社学術文庫、一九九四年、五三頁と次頁。原文［］を〈〉に変更）

アリストテレス先生は、知識の整理のうまい方だ。私は、先生の教えてくれた概念を使って、自分の嘆かわしい愛の欲求について分析した。どうやら私の場合、自分を動かす形相因に問題があるらしい。そういえば、入学時のオリエンテーションで課題に出されたポートフォリオでも苦労した。私の目標は、北川景子の唇なのか石原さとみの唇なのか悩んでいるうちに、菜々緒の足が思い浮かんで収拾がつかなくなった。私はアリストテレス先生の動物学の講義に、動物の一例としての自己分析のレポートを提出した。

梅雨明けのまぶしい晴れの日、アリストテレス先生は私を散歩に誘った。実家のことや生活のことを一通り聞いた後、先生は慈愛のこもった目で私を諭すのだった。

可能態と我々のいうのはしかし、例えば木材の中にヘルメスの彫像があり、全体の線の中に半分の線が含まれるごときをいうのであって、それは後者が前者から取出され得る意味においてである。のみならず思索をしていない者をも、その者が思索をなす能力のある場合には、〈可能的に〉学者であるという。(同上、三九七頁。原文[]を〈〉に変更)

歩きながら私は泣いていた。私の頬を涙が滝のように流れ、道の脇のアリたちが溺れるほどだった。私には先生が婉曲に伝えようとしている意味が、すぐにわかった。先生、私という木材には、ヘルメスの彫像が含まれていないのですね。私は、北川景子への愛として現実態に成長する可能性はないのですね。シブヤ駅に着くと、先生はＩＣＯＣＡをくれた。ツライトキニハ、ヤマノテセンデ、クルクルマワリナサイ。ヨンシュウクライデ、ドウデモヨクナルカラ。先生はいつも現実的なアドバイスをくれる。でも、これが最後なのですね。さようなら、先生。私は自主退学するので、除籍にはしないでください。履歴書はきれいにしておきたいので。ところで、先生。どうしてＳｕｉｃａじゃないんですか。

アリストテレス先生は、ナンデモチョットハ、ヒネラナアカン、と鶴瓶師匠の顔で言った。

三

私はそのまま電車に乗り、ヤマノテセンの内回りと外回りをそれぞれ無限回ずつ回って、シンジュクで降りた。電車に乗りすぎて、頭痛がした。頭の中をダアーイダアーイという地獄の住人の唸り声が響き、それに導かれるように輸入レコード店に入った。店内には、特撮のビームの音のような声で叫ぶ曲が流れていた。それもまた、地獄の声であった。ここは、北川景子と出会う資格を失った私にふさわしい。まさに地獄だ。生物とは思えないほどガリガリの長髪の店員が、何枚かのCDを持って寄ってきた。ストライパーとメタトロンのアルバムだった。彼は優しい声でささやいた。地獄だけじゃないよ、ここには天国もあるんだよ。

四つの国（すなわち、天使の二つの国と人間の二つの国）があるのではなく、それよりもむしろ、二つの国、ないし社会―その一つは、ただ天使だけではなく、なお、人間の、善きものから成り、他の一つは悪しきものから成る―がある（アウグスティヌス著、服部英次郎訳、『神の国（三）』、岩波書店・岩波文庫、一九八三年、九三頁）

私は、いやそういうのいいんで、と断った。そういうのじゃなくて、世界の滅亡を本気で希求する歌とかないですかね。店員は、私の背中まで見通すような目つきで私を吟味し、厳かにこう宣言した。

悪にはなんら自然的本性はないのであって、善を失うことが悪という名でよばれるのであるからである。（同上、三〇頁）

私は鼻で笑った。はは、まさか、善には存在が含まれるとか言って、悪になることは存在を失うことであるなんて理屈を私に教授する気じゃないよね。これでも哲学科出身だぜ。そんなのは飽き飽きしている理屈だよ。はは、はは、はは。笑いながら私は寒々とした気分になっていった。店員は、本当に私を見通していたのだ。だって、私は、いないのだから…

四

嫌な夢だった。

目覚めると、ちょうど電車は冥王星を通過するところだった。私は窓から冥王星に語りかけた。おまえは、惑星なのかそうでないのか。どっちにしても私は私だって？　そうかな。惑星じゃなくなると、子供たちはおまえの存在を忘れるんじゃないかな。

そうすると、おまえはなくなっちまうんじゃないかな。

授業の嘘（抄録）

［前略］

たとえ話も図や資料と同じですね。先生は説明した気になって、学生は勉強した気になるだけ。

授業でよく使うのは、もしも不細工な芸人の○○が古代ギリシアのアゴラにタイムワープしたら、です。

真理を真善美とみなす人々だから、バランスの悪い四肢のプロポーションを悪とみなし、なんらかの凶兆として大混乱になるかも、…なんて話をします。うまくいけば、学生はリラックスして話を楽しみ、授業は円滑に進む。でも、ああおもしろかった、で終ってしまう。

最近おもしろいと言われる授業は、基本的にわかりやすい授業ですね。でも、わかりやすい授業は、しばしば本当にわかる授業ではなくて、わかる授業の外観をした授業じゃないですかね。アクティヴ・ラーニングを導入した授業では学生（の体）が積極的に動いているから学生は学んでいるはずだ、とかね。しかし、学生を知的にアクティヴにするポイントは、教育手法のアクティヴさにはないと思うんですよ。優れた教師は、受動的学習でも、学生をアクティヴにする（いい映画と同じですね）。そういう先生は、軽くお喋りをするだけで、学生を図書館や本屋に走らせます。先生の言動に込められた知的なアクティヴさが、聞き手に影響するんじゃないかな。アクティヴ・ラーニングも、その手法そのものよりも、それに興味をもつ先生の教師としての向上心のほうが、学生にいい影響を与えると思います。

まあ、どんな新しい教育手法を導入する際でも、実験や失敗を学生が許してくれるような、先生と学生との良好な関係の存在が前提ですよね。そう考えると、優れた教師には、授業の工夫という努力を超えたプラスアルファがある、と言わざるをえない。たぶん、寺子屋の時代に生まれても、あるいは、職業的な教師にならなくても、他人と教育的ないい関係を築けるなにかがある。つまり、教師としての天賦の才ですかね。それを解明してマニュアルが作れたら、優れた教師の大量生産も可能なんでしょうが、現状では、いい先生というのは貴重な天然ものです。見つけたら、すぐに保護ですね。

残念ながら私には、優れた教師としてのプラスアルファが欠けています。学生を、次の一歩に進ませることができない。本当に古代ギリシア人は真善美を真理とみなしたのかな、とか、タイムワープしたのがスティーブ・ジョブズだったらどうなったかな、とか、つまり、学生が実証の作業をするか、思考実験を続けるかしたとき、私の哲学の授業は、一応成功したと言えるのです。が、まあなかなかねえ。

はじめまして

一

自己紹介が苦手だ。自分をどう表現したらいいのかわからない。私とはなにかという問いに悩む、哲学者のポーズを決めているわけではない。私のような者の社会的な立場をなんと言うのが正確なのか、端的にわからないのだ。

それでもこの社会で生きていくためには、便宜的な自己規定は必要である。何者か不明では、周囲も扱いに困る。「はじめまして。私は何者かわからない謎ですが、徳島文理大学保健福祉学部人間福祉学科に所属しています。いやいや、人間かどうかもわかりませんよ。人間って正味のところなんですか」。講義の初回に先生がこんなことを言い出したら、学生も困るだろう。

もちろん、あえて自分を怪しい存在にして周囲からの抑圧を誘発するのは、社会の変革への導火線となりうる。しかし現況では、空気の読めない迷惑な人として単純に社会的に落伍するだけだ。私は通常、同調圧力に屈する屈辱の回避よりも社会的な生き残りを優先し、俗世間向けの自己規定を用いる。「はじめまして。私はこの講義を担当するミゾグチです。哲学という学問分野の専門家です。25号館の7階に研究室があります。御用の方は遠慮なくお越しください」。こんなツッコミどころの多い自己紹介をしれっとやってしまう。ほとんど、適当な発話である。だが、私を不審者扱いから守る盾にはなってくれる。

なに！　普通のあいさつじゃないかだって。はじめまして、だぞ。どうして、学生全員と初めて出会ったとわかったのだ。講義を担当するとは、どういう意味だ。ディベートをしたら講義じゃないじゃないか。講義日程を作った人は担当者じゃないのか。ミゾグチって、どのミゾグチだ。私と言っているのは、口だけなのか、顔全部なのか、全身なのか。哲学という学問分野の専門家って…。ああー、すべてが曖昧すぎて、イライラするー！

二

日本には哲学という教科はない。だから、日本の生徒は、入学して学生になり、一般教育の選択科目で哲学の授業を初めて受けることになる。昔からそうなのだが、最近はそのことで困った事態が出現している。学生が、選択科目を登録する前に、あるいは登録を確定する前の初回のオリエンテーション講義で、哲学ってなんですかと聞いてくるのだ。そりゃ単位も欲しいし資格関係の実力もつけたいし、無駄な授業はとりたくないのはわかる。しかし、無茶な要求なのだ。私にも、哲学がなにかなんてわからない。それが簡単に説明できるようになったら、哲学を卒業できるのではないか。

困っていたら、いい文章に出会った。永井均の文章だ。

議論のしつこさは哲学の命だよ。哲学はね、科学のように、実験とか観察とかいった実証的な作業もできなければ、数学や論理学のように、形式的な論証手続きも持ってないんだ。といって、思想のように、論証ぬきで人の心に訴えるような意見だけ語ればいいようなものでもない。自分が心の底から不思議だなあって思った問題を、考えられるあらゆる場合を想定して、力のおよぶかぎり周到緻密に、徹底的にしつこくねちっこく考えぬくこと以外には、哲学にはこれといった方法はないんだよ。哲学から議論の過程のねちっこさを取ったら、単なる思想になっちゃうからね。それはまさしく哲学の死なのさ。（永井均著、『翔太と猫のインサイトの夏休み—哲学的諸問題へのいざない—』、筑摩書房・ちくま学芸文庫、二〇〇七年、一一八頁と次頁）

哲学の活動の実態をざっくばらんに言えば、永井さんの言うとおりだ。決まった方法も対象もない。どんな手を使ってでも、どんなことについてでも、知ろうともがくことが哲学だ。哲学という名称（知を愛する）も、このことを意味しているのだろう。

しかし、方法的にも対象的にも限度がない知的行為は、方法的にも対象的にも定義できない。仕方ないので、哲学とはなにかと質問されると、それは愛であり自由である、と答えたりするのだが、学生はなにカッコつけてんだこのオヤジ、という表情で帰っていく。うーん、率直に答えたつもりなのだが。

（　　　　　　　　　　）題

（　　　　　　　　　　　　　　　　　　　　）題

1	2
3	4
5	6
7	8
9	10
11	12
13	14
15	16
17	18
19	20

1	2
3	4
5	6
7	8
9	10
11	12
13	14
15	16
17	18
19	20

1			
2			
3			
4			
5			
6			
7			
8			
9			
10			
11			
12			
13			
14			
15			

著者紹介（執筆順）

近代徳島における阿波藍の盛衰
鍛冶　博之
1980年生まれ
同志社大学大学院商学研究科博士後期課程修了　博士（商学）
徳島文理大学短期大学部商科　講師

著書
『パチンコホール企業改革の研究』（文眞堂、2015年）
『商品と社会—ランドマーク商品の研究』（川満直樹編著、同文舘出版、2015年、Chapter 3担当）
『ランドマーク商品の研究⑤—商品史からのメッセージ』（石川健次郎編著、同文舘出版、2013年、第3章担当）
『マーケティングの諸問題』（後藤一郎・神保充弘・申賢洙編著、2011年、第9章担当）
その他、パチンコ産業史や商品史に関する論文多数

ワーキングメモリの現在、そして未来
—ADHDに着目して—
桃井　克将
1989年生まれ
神戸大学大学院人間発達環境学研究科博士前期課程修了　修士（学術）
徳島文理大学保健福祉学部　講師

著書
『総合福祉の基本体系　第2版』（勁草書房、2013年）分担執筆

ギルデッド・エイジと善悪の彼岸
　―「ハドリバーグを堕落させた男」における「赦し」
　　の構図―
　浜本　隆三
1979年生まれ
同志社大学大学院アメリカ研究科（現グローバル・スタディーズ研究科）博士後期過程単位取得退学　修士（アメリカ研究）
福井県立大学学術教養センター　専任講師

著書
『若きマーク・トウェイン―生の声から再考』（大阪教育図書、2008年）分担執筆
『マーク・トウェイン 完全なる自伝』第1巻（柏書房、2013年）共訳書
『文学から環境を考える―エコクリティシズム・ガイドブック』（勉誠出版、2014年）分担執筆
『欧米社会の集団妄想とカルト症候群』（明石書店、2015年）共著書

二〇〇一年の新しい教師
自己完成と進化の成長理念への綜合
　―ニーチェの生概念を導きにして―
『ニーチェb』『ニーチェl』の補足
　溝口　隆一
1968年生まれ
同志社大学大学院文学研究科博士課程後期単位取得退学　博士（哲学）
徳島文理大学保健福祉学部　准教授

著書

現代教育学のフロンティア（世界思想社、2003年）分担執筆

現代哲学の真理論（世界思想社、2009年）分担執筆

ニーチェb（ふくろう出版、2012年）

ニーチェl（ふくろう出版、2014年）

ヨーロッパ的人間性の危機、野蛮さへの転落か、哲学による再生か
—フッサールの「ウィーン講演」が語りかけるもの—

島田　喜行

1974年生まれ

同志社大学大学院文学研究科哲学専攻博士後期課程満期退学　博士（哲学）

同志社大学文学部哲学科　助教

著書

「フッサールの「道徳的自我」」（関西倫理学会編『倫理学研究』第39号、2009年）

「現象学的還元と解放の道」（関西哲学会編『アルケー』No. 21、2013年）

「魂の向け変えとしての倫理的転回——フッサールの現象学的倫理学の方法——」（Societas Philosophiae Doshisha編『同志社哲学年報』第38号、2015年）

カルナップの『世界の論理的構築』における認知の関係的な把握
　小川　　雄
1986年生まれ
同志社大学大学院文学研究科博士課程（前期課程）修了　修士（哲学）
神戸親和女子大学通信教育部　非常勤講師（初等教育原理、西洋教育史　担当）

ニーチェ＋

2016年2月10日 初版発行

編著者 溝口 隆一

発 行 ふくろう出版
〒700-0035 岡山市北区高柳西町1-23
友野印刷ビル
TEL：086-255-2181
FAX：086-255-6324
http://www.296.jp
e-mail：info@296.jp
振替 01310-8-95147

印刷・製本 友野印刷株式会社
ISBN978-4-86186-667-8 C3011